Löwenzahn

Warum glühen Glühwürmchen?

200
clevere Fragen und Antworten
mit Fritz Fuchs

Mit Texten von Jochen Dilling und
Illustrationen von Christoph Tillmann

Meyers Kinder- und Jugendbücher

Bibliografische Information der Deutschen Nationalbibliothek
Die Deutsche Nationalbibliothek verzeichnet diese Publikation in der Deutschen Nationalbibliografie; detaillierte bibliografische Daten sind im Internet über http://dnb.ddb.de abrufbar.

Mit freundlicher Unterstützung der ZDF-Redaktion Löwenzahn
(Susanne Kaupp)

Redaktionelle Leitung Caroline Lerch
Text und Redaktion Jochen Dilling, 2THINK Recklinghausen

Herstellung Verona Meiling
Layout Horst Bachmann
Illustration ZDF © Christoph Tillmann (Löwenzahn, Bauwagen)
Inhaltsabbildungen ZDF © Thomas Bergmann 6, 10, 19, 23 f., 42, 48, 63, 72, 104, 108, 118, 129, 132, 143, 163, 183, 191; ZDF © Antje Dittmann 5, 9, 29, 38, 51, 54, 58, 66, 68, 74 f., 79, 82, 87, 97, 103, 112, 120, 124, 135, 137 f., 145, 150, 159, 164, 169, 179, 188, 192, 199, 201, 205, 209, 213, 220; ZDF © Alexander Habermehl 3, 4, 27, 34, 113; ZDF © Fabian März 218; ZDF © Barbi Mlczoch 217; ZDF © Christiane Pausch 14 f., 30, 35, 46, 84, 92, 117, 148, 155, 173, 195; ZDF © Romano Ruhnau 13; ZDF © Christoph Tillmann 3, 6

Umschlaggestaltung Hans Helfersdorfer, Heidelberg
Umschlagabbildungen
ZDF © Alexander Habermehl: Fritz Fuchs
ZDF © Antje Dittmann: Keks, Höhle, Segeln, Taucherbrille, Tauchhelm, Regenwurm, Wald, Windrad
ZDF © Christiane Pausch: Hubschrauber, Seehund
ZDF © Christoph Tillmann: Löwenzahn-Ecke

Satz Bibliographisches Institut AG, Mannheim
Druck und Bindung Offizin Andersen Nexö Leipzig GmbH
Printed in Germany

ISBN 978-3-411-08396-1

Vorwort

Hallo liebe Leserin,
hallo lieber Leser,

kennst du das? Du stehst am Fenster und draußen blitzt und donnert es gewaltig. Was für Kräfte wohl dahinter stecken, damit es so ordentlich kracht? Nach so einem Gewitter habe ich mich neulich auf den Weg gemacht zum Wetterexperten in Bärstadt und die Abkürzung durch den Wald eingeschlagen. Während ich noch über den Donner nachgrüble, wuselt es auf einmal mächtig vor meinen Füßen. Und ich stehe direkt vor einem riesigen Ameisenhaufen! Wie viele von den Tierchen in einem solchen Haufen wohl leben? Naja, gezählt habe ich sie nicht, sonst wäre ich wahrscheinlich nie bei meinem Wetterexperten angekommen. Er hat mir dann alles über Blitz und Donner erklärt. Das war so aufregend, dass ich es für dich aufgeschrieben habe, und zwar in diesem Buch. Zusammen mit 199 Antworten auf 199 andere spannende Fragen. Bücher sind eben praktisch. Aber wer hat sie eigentlich erfunden? Zum Glück gibts auch darauf eine Antwort. Und die findest du auf Seite 217. Viel Spaß beim Schmökern!

Dein

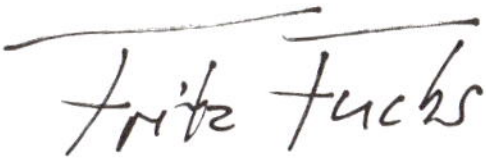

Willkommen in Bärstadt!

Hier ist ständig was los.
Und wir sind immer dabei.

Das bin ich: Fritz-Fuchs

Ich wohne in einem blauen Bauwagen mitten im Grünen. Viele meiner Abenteuer liegen direkt vor meiner Haustür, aber nicht nur da: auch draußen in der Natur, in der Stadt oder im Museum. Meine rote Zimmermannshose zählt zu meiner Lieblingskleidung, denn sie ist praktisch und hält viel aus. Mit ihr kann ich auf Berge klettern, Tieren nachspüren oder in der Werkstatt tüfteln..

Herr Paschulke

ist mein Nachbar und mag es am liebsten bequem. Weil wir so unterschiedlich sind, ist manchmal Ärger vorprogrammiert.

Mein Hund Keks

ist mein bester Kumpel. Er heißt so, weil ein Keks die erste Mahlzeit war, die er sich gemopst hat. Ich habe ihm eine kleine Bauwagen-Hundehütte gebaut, direkt vor meiner Tür. Oft sind wir gemeinsam unterwegs. Mit seiner feinen Spürnase hat Keks schon so manches Rätsel gelöst.

Suse

ist meine ältere Schwester und Geschäftsfrau. Auch wenn wir verschieden sind, halten wir als Geschwister immer zusammen.

Yasemin

ist immer gut gelaunt und hält oft einen Tipp für mich bereit. Ihr gehört der bekannteste Kiosk in Bärstadt.

Erde

Was ist der längste Fluss Europas?

Der Fluss, in dem ich manchmal baden gehe, ist es jedenfalls nicht. Also habe ich nachgeforscht und herausgefunden, dass ich ziemlich weit reisen müsste, um zu diesem Gewässer zu kommen, das gleich ein paar Tausend Kilometer lang ist. Mit dem Schiff bräuchtest du drei Wochen, um es einmal ganz zu befahren.

Jetzt bist du bestimmt neugierig geworden, was es mit diesem Fluss auf sich hat, oder? Außerdem gibt es natürlich noch viele andere spannende Fragen, die sich rund um unseren Planeten drehen:

Wo liegt das Morgenland?
Woraus bestehen Steine?
Wie heiß ist ein Blitz?

Ich habe die passenden Antworten für dich parat. Du musst nur umblättern. Also viel Spaß beim Schmökern!

Wie entstehen Gebirge?

Bist du schon mal auf einen Berg gestiegen? Wenn man oben ist und runterschaut, sehen Häuser und Autos plötzlich so klein wie Spielzeug aus. Die meisten Gebirge sind übrigens schon vor vielen Millionen Jahren entstanden und das kam so: Unter der Erdoberfläche liegen riesige Gesteinsplatten, die von gewaltigen unterirdischen Kräften immer wieder bewegt werden. Die Platten sind aneinandergestoßen und haben sich im Laufe der Zeit übereinandergeschoben. Schließlich hat sich die Erde aufgefaltet und Gebirge sind „gewachsen".

Es gibt aber auch Berge, die durch Vulkane entstanden sind. Wenn die Lava aus dem Erdinneren an die Erdoberfläche gedrückt wird und sich um den Krater des Vulkans anhäuft, entsteht mit der Zeit ein Bergkegel. Auch auf ihm kann man stehen und sich die Gegend in Ruhe von oben angucken, denn der Vulkan ist längst erloschen.

Wie kommt das Salz ins Meer?

Seit meinem letzten Urlaub an der Nordsee weiß ich Bescheid: Für das Salz sorgt das viele Wasser, das zum Beispiel Flüsse dort hineintransportieren. Auf ihrem Weg ins Meer lösen sie Mineralsalze aus den Steinen. Da die Erde seit vielen Millionen Jahren existiert, konnten die Flüsse in dieser Zeit eine Menge Salz ins Meer schwemmen. Und das kannst du heute beim Baden auch schmecken!

Lecker, dieses Meersalz.

Wie entstehen die Farben des Regenbogens?

In einem alten Buch habe ich tolle Geschichten über die Entstehung des Regenbogens gelesen: In China hat man sich früher erzählt, der Regenbogen wäre ein Riss im Himmel, der von einer Göttin mit farbigen Steinen verschlossen wurde. Doch die Farben des Regenbogens sind keine Zauberei, sondern entstehen durch die sogenannte Lichtbrechung. Das weiße Licht der Sonne enthält alle nur erdenklichen Farben. Diese setzen sich aus unterschiedlichen Wellenlängen zusammen, die aber erst dann sichtbar werden, wenn das weiße Licht gebrochen wird. Das passiert, wenn die Lichtstrahlen auf die Regentröpfchen in der Luft treffen. Dann zerfällt das weiße Licht in die vielen in ihm enthaltenen Wellenlängen.

Paschulke meint:
Hauptsache, die Sonne scheint wieder und ich kann weiter im Garten arbeiten.

Was ist eine „Fata Morgana“?

In der Wüste lassen sich Menschen immer wieder von einer Fata Morgana täuschen. Lange Zeit sehen sie nichts als Sand. Plötzlich flimmert in einiger Entfernung ein See. Sofort treiben sie ihre Kamele an, um möglichst schnell zur Wasserstelle zu kommen, doch so lange sie auch reiten, es kommt kein See. Sie sind auf eine Luftspiegelung hereingefallen, die den Eindruck erzeugt, als seien weit entfernte Dinge sehr nah.

Ich habe gelesen, dass solche Luftspiegelungen überall dort entstehen können, wo kalte und warme Luftschichten übereinanderliegen. Die Luft wird zu einer Art Spiegel und wirft Lichtstrahlen zurück. Und weil diese Lichtstrahlen Bilder transportieren, sieht man plötzlich Dinge, die in Wirklichkeit ganz woanders liegen. Besonders häufig kommt das in der Wüste vor. Und so kann man glauben, da glitzere ein See inmitten der Dünen.

Wie heiß ist Lava?

So ein Vulkanausbruch sieht ganz schön gefährlich aus: Glühendes Gestein wird herausgeschleudert und rote Lava fließt am Vulkan nach unten. Wenn etwas glüht, muss es ziemlich heiß sein. Diese Erfahrung habe ich gemacht, als ich einmal ein Stück Grillkohle angefasst und mir ganz übel die Finger verbrannt habe. Doch die Temperatur der Kohle ist nichts gegen die von Lava, die bei etwa 1200 Grad liegen kann und damit ungefähr sechsmal so hoch ist wie die meiner Grillkohle. Nach einer Weile kühlt sich Lava übrigens ab auf „nur“ noch 700 bis 900 Grad und wird fest. Dann ändert sich auch ihre Farbe: aus Rot wird Schwarz. Am Ende erkaltet sie ganz.

In welchem Takt wechseln sich Ebbe und Flut ab?

Das hab ich mir mal von einem echten Kapitän erklären lassen: Ebbe und Flut wechseln sich im Sechs-Stunden-Takt ab. Sechs Stunden kommt das Wasser (Flut), sechs Stunden lang geht es (Ebbe). An der deutschen Küste kann der unterschiedliche Wasserstand, der so genannte Tidenhub, bis zu vier Meter betragen. Beim Spazierengehen im Watt an der Nordsee musst du daher immer wissen, wann die Flut einsetzt, sonst könnte das Wasser dir den Weg vom Festland abschneiden. Na, hier auf dem Schiff bin ich auf alle Fälle sicher!

Woraus bestehen Steine?

Es gibt wohl kaum jemanden, der nicht schon einmal über einen Stein gestolpert ist. Schließlich liegen diese Dinger fast überall herum. Mal sind es dicke Brocken in Grau oder Schwarz, mal wunderbar glatte, runde Kiesel, mal richtige Glitzersteine, mal …

Anscheinend sind nicht alle Steine aus dem gleichen Material. Sonst müssten gleich große Steine wenigstens gleich schwer sein. Sind sie aber nicht: Sie bestehen aus verschiedenen mineralischen Stoffen, die sich im Laufe der Erdgeschichte herausgebildet haben. Heute kennt man etwa 4600 verschiedene Mineralien. So viel Abwechslung hätte man Steinen gar nicht zugetraut, oder?

Fritz-Fuchs-Tipp

Sammle Steine und versuche, sie mit einem großen Stein zu zerschlagen. Siehst du, wie unterschiedlich die Einzelteile sind?

Was ist Grundwasser?

Ich habe gelesen, dass unter der Erdoberfläche gewaltige Wasservorräte lagern, das sogenannte Grundwasser, das dort Höhlen und Risse füllt. Bei Regen oder auch aus Flüssen und Seen sickert Wasser ins Erdreich. Es arbeitet sich immer tiefer vor, bis es auf eine Bodenschicht trifft, die kein Wasser durchlässt. Dort sammelt sich das Grundwasser als unterirdischer Wasserspeicher. Manchmal soll sich das Wasser nur wenige Meter unter der Erde befinden. Das wollte ich natürlich testen und habe ein bisschen im Garten gebohrt. Tatsächlich bin ich auf Wasser gestoßen – und dabei klatschnass geworden.

Wie schwer ist eine Gewitterwolke?

Wenn mal wieder eine dunkle Gewitterwolke am Himmel heraufzieht und vom Wind Stück für Stück weitergeschoben wird, frage ich mich manchmal, welches Gewicht eine solche Wolke wohl hat. Das ist nicht leicht zu beantworten, schließlich kann man eine Wolke nicht vom Himmel holen und auf die Waage legen. Außerdem verändern sich Wolken ständig. Wer ihr Gewicht bestimmen will, muss genau wissen, wie groß sie sind. Eine 10 Meter lange, 10 Meter hohe und 10 Meter breite Wolke wiegt etwa so viel wie ein Braunbär. Doch die Größe der Wolken ist schwer zu schätzen, denn sie stehen weit oben am Himmel und wirken dadurch viel kleiner, als sie in Wirklichkeit sind.

Paschulke meint:
Wahrscheinlich leichter als ich, wenn ich ein paar Steaks gegessen habe.

Wie heiß ist es im Erdinnern?

Kaum zu glauben, dass es unter unseren Füßen kräftig brodelt. Nicht direkt unter unseren Füßen, aber in einer Tiefe von mehr als 5000 Kilometern ist es unglaublich heiß. Im sogenannten Erdkern herrschen Spitzentemperaturen von 4000 bis 5000 Grad. Warum wir davon nichts spüren? Weil nur der Erdkern flüssig und heiß ist. Je weiter man sich von ihm entfernt, das heißt Richtung Erdoberfläche kommt, desto kühler wird es.

Also keine Sorge, dass du dir die Finger verbrennst, wenn du ein tiefes Loch im Garten gräbst. Bis zum Erdkern dringst du ohnehin nicht vor, denn der wird noch vom Erdmantel umhüllt und dieser von der Erdkruste. Sie ist allein schon 30 bis 60 Kilometer dick.

Brauchen wir den Mond?

Jeden Abend geht der Mond am Himmel auf. In klaren Nächten sorgt er auch nachts für Licht. Dann brauche ich draußen vor dem Bauwagen nicht mal eine Taschenlampe. Ich habe mich gefragt, wofür der Mond eigentlich sonst noch gut ist.

Im Internet bin ich auf die Antwort gestoßen: Wenn es den Mond nicht gäbe, würde die Erde arg ins Trudeln geraten. Der Mond begleitet die Erde nämlich nicht nur und umrundet sie stets auf der gleichen Bahn, sondern er hält sie auch im Gleichgewicht und sorgt dafür, dass die Erde sich um eine feste Achse dreht. Dadurch gibt es feste Jahreszeiten, also zum Beispiel in Europa einen warmen Sommer und einen kalten Winter. Ohne Mond wäre es nachts also nicht nur stockfinster, sondern auch die Temperaturen würden ständig wechseln.

Was ist der längste Fluss Europas?

Die Wolga ist der längste Fluss Europas. Sie fließt durch Russland und erstreckt sich über 3531 Kilometer. Das ist ungefähr so lang, als würdest du viermal vom nördlichsten zum südlichsten Punkt in Deutschland fahren. Auf einem Foto im Lexikon war die Wolga von oben zu sehen und erinnerte gar nicht an einen Fluss. Wie das kommt? Im Laufe der Jahre ist sie an vielen Stellen über die Ufer getreten, sodass der Eindruck entsteht, hier seien zahllose Seen miteinander verbunden.

Wie heiß ist ein Blitz?

Als neulich ein Gewitter heraufzog, habe ich mich schnell in meinen Bauwagen verkrochen. Es war aufregend zu beobachten, wie die Blitze am Himmel zuckten. Kaum zu glauben, dass die Luft, durch die ein Blitz schlägt, bis zu 30 000 Grad heiß werden kann: Das ist um ein Vielfaches heißer als die Sonnenoberfläche. Wenn ein Blitz entsteht, löst er eine gewaltige Druckwelle aus, die als Donner zu hören ist. Ganz oben am Himmel geschieht beides fast gleichzeitig. Da sich Licht jedoch schneller fortbewegt als Schall, sehen wir zuerst den Blitz und können dann gespannt auf den Donner warten.

Fritz-Fuchs-Tipp

Zähle die Zeit, die zwischen Blitz und Donner vergeht, dann weißt du, wie weit das Gewitter weg ist. Jede Sekunde entspricht einer Entfernung von 330 Metern.

Gibt es Sintfluten wirklich?

In der Bibel kannst du die Geschichte von der Sintflut lesen, einer großen Flut, die die gesamte Welt überschwemmt haben soll. Einzig Noah und die Tiere auf seiner Arche konnten den Wassermassen entkommen, für die pausenlose Regenfälle gesorgt hatten.

Auch in der heutigen Zeit gibt es Flutkatastrophen, zum Beispiel, wenn Wirbelstürme das Meer über die Ufer treten lassen und Städte und Landschaften unter Wasser stehen. Allerdings ist kaum vorstellbar, dass eine solche Flut die ganze Erde überschwemmt. Natürlich weiß niemand, was passieren würde, wenn es monatelang regnet, doch die Wahrscheinlichkeit, dass das passiert, ist glücklicherweise gleich Null.

Wie schnell ist ein Orkan?

Im Radio kam gerade eine Unwetterwarnung. Ein Orkan soll über Bärstadt hinwegziehen. Höchste Zeit also, dass ich meinen Bauwagen wind- und wetterfest mache. Schließlich ist mit einem Orkan nicht zu spaßen. So ein starker Sturm erreicht locker Windstärke 12, das sind um die 120 Kilometer pro Stunde, schneller also, als ein Auto auf einer Landstraße fahren darf. Mit dieser Kraft kann ein Orkan ganze Häuser abdecken und Bäume entwurzeln. Am besten hole ich schnell Tisch und Stühle rein, damit sie nicht durch die Gegend fliegen. Und hoffentlich muss Keks nicht gerade dann raus, wenn über uns der Sturm tobt.

Ist die Sonne auch ein Stern?

Selbst von der Erde aus betrachtet, erscheint die Sonne im Vergleich zu vielen anderen Sternen riesengroß. Kein Wunder, denn die Sonne ist das mit Abstand größte Objekt unseres Sonnensystems. Die Erde würde über 100-mal in sie hineinpassen. Und doch ist die Sonne nur einer von 100 Milliarden Sternen in unserer Galaxis. Allerdings ein besonderer, denn er ist lebenswichtig. Er spendet uns Licht und Wärme, ohne die Pflanzen, Tiere und Menschen auf der Erde nicht auskommen könnten.

Kann der Mond verschwinden?

Ein Astronom, also jemand, der sich mit Sternen beschäftigt und dazu mit einem Fernrohr in den Himmel schaut, hat mir auf diese Frage geantwortet: „Ja, zum Beispiel bei einer totalen Mondfinsternis“.
Sie entsteht ausschließlich bei Vollmond, wenn sich die Erde zwischen Sonne und Mond schiebt, sodass der Schatten der Erde auf den Mond fällt. Bei genauem Hinsehen, kannst du jedoch erkennen, dass der Mond nicht vollständig verschwunden ist.
Ein Teil des Sonnenlichts wird durch die Erdatmosphäre gestreut und fällt auf den Mond. Er erscheint dann kupferrot.

Was ist eine Eiszeit?

Wenn es draußen tagelang schneit und eisige Temperaturen herrschen, meint Herr Paschulke immer, jetzt kommt die nächste Eiszeit. Ich kann ihn beruhigen, denn während einer Eiszeit kühlt es sich überall auf der Erde um mindestens 10 Grad ab, und zwar für lange Zeit. Große Gebiete sind dann von einer dicken Eisschicht bedeckt, auch weite Teile der Meere frieren zu.

Die letzte Eiszeit liegt etwa 20 000 Jahre zurück. Damals war etwa ein Drittel der Erdoberfläche von gewaltigen Gletschern bedeckt. Heute nehmen Gletscher etwa zehn Prozent der Erdoberfläche ein. Wann die nächste Eiszeit kommt, weiß übrigens niemand. Im Moment haben wir mit dem umgekehrten Problem zu kämpfen: der Erderwärmung.

Wo ist es kälter: am Südpol oder am Nordpol?

Tja, da hätte ich doch tatsächlich falsch getippt. Nicht immer ist es im Norden kälter: Die Antarktis, wie man den Südpol auch nennt, ist eine Landschaft mit hohen Gebirgen und einer mächtigen Eisdecke. Dort wurden schon einmal Temperaturen von über minus 89 Grad gemessen – und zwar im Winter, wenn es dort den ganzen Tag über dunkel ist. Die Arktis, also der Nordpol, liegt auf Meereshöhe und damit viel flacher.
Hier wird es „nur" so um die minus 40 Grad. Frieren würde ich dort trotzdem. Vielleicht sollte ich einmal im Sommer hinfahren: Da klettern die Temperaturen immerhin auf 8 Grad!

Paschulke meint:
Hauptsache, in meinem Haus ist es schön warm.

Wo liegt das Morgenland?

In der Weihnachtsgeschichte ist die Rede von drei Königen, die dem Jesuskind Gold, Weihrauch und Myrrhe in den Stall nach Bethlehem bringen. Die drei Männer in den prächtigen Gewändern kommen aus dem Morgenland. Im Atlas habe ich dieses Land leider nicht gefunden. Kein Wunder, denn es gibt kein Land, das „Morgenland“ heißt. Morgenland ist eine Bezeichnung für jene Region der Erde, die von Europa aus betrachtet in Richtung der aufgehenden Sonne liegt. Dies sind die arabischen Staaten in Vorderasien. Die Heiligen Drei Könige müssen also von dorther gekommen sein. Aus welchem Land genau, das verrät uns auch die Bibel nicht.

Wieso sind Regentropfen schneller als Schneeflocken?

Im Winter beobachte ich gerne, wie draußen die Schneeflocken langsam zur Erde fallen. Allem Anschein nach bewegen sie sich viel langsamer als Regentropfen. Das liegt an zwei Dingen: Sie sind viel größer und viel leichter als Regentropfen.

Schneeflocken bestehen aus kleinen Eiskristallen, die sich mit Regentropfen verbinden und dadurch immer größer werden. Da sie auch Luftbläschen mit einschließen, sind sie im Vergleich zu einem Regentropfen sehr leicht. Und daher fallen sie recht langsam zur Erde, ungefähr mit der Geschwindigkeit, in der du spazieren gehst (so etwa vier Kilometer pro Stunde). Regentropfen haben dagegen kaum Luft um sich und hängen eine Schneeflocke locker ab. Sie sind mit 20 Kilometer pro Stunde so schnell wie ein Fahrradfahrer.

Wie heißen die Zapfen in Tropfsteinhöhlen?

Neulich war ich gemeinsam mit Herrn Paschulke in einer Tropfsteinhöhle. Die Säulen, die hier vom Boden zur Decke wachsen, heißen „Stalagmiten". „Stalaktiten" hängen von der Decke. Wie sie entstehen? Das hat mit dem Wasser zu tun, das von den kalkhaltigen Decken tropft. Jeder Tropfen, der sich bildet, ist von einem feinen Kalkhäutchen überzogen. Das wiederum platzt und der Häutchenrand bleibt hängen. Der Tropfen prallt auf den Boden und verdunstet. Dabei scheidet er Kalk ab. So wachsen Kalksäulen von oben und unten. Manche treffen sich in der Mitte!

Warum ist der Himmel blau?

Ist er das wirklich? Nein, er erscheint uns nur so. Wenn die Sonnenstrahlen bis zur Erde gelangen wollen, müssen sie die Atmosphäre durchqueren – das ist eine Lufthülle rund um unseren Planeten. Dabei werden sie von klitzekleinen Teilchen in der Luft in verschiedene Farben zerlegt: Blau, Gelb, Grün, Orange, Rot und Violett. Doch nur das Blau wird stark nach allen Seiten abgelenkt oder gestreut. Deshalb siehst du auch genau diese Farbe, wenn du zum Himmel schaust.

Gibt es auch bei uns Hurrikane?

Neulich in der Zeitung hab ich von einem Hurrikan gelesen, der mit 300 Kilometern pro Stunde über Mexiko hinweggefegt ist. Stellt euch mal vor, so einer würde auch Bärstadt treffen!

Zum Glück hat mich ein Wetterexperte schnell beruhigt: Solche Wirbelstürme bilden sich im Spätsommer nur über tropischen Meeren, denn dort ist das Wasser 26 Grad und mehr warm. Dann heizt die Sonne den Ozean so stark auf, dass gewaltige Wassermengen verdunsten und nach oben steigen. An der Wasseroberfläche wird Luft nachgesaugt, die von allen Seiten heranströmt und sich dreht. Auf diese Weise entsteht ein Windwirbel, der wie ein Trichter aussieht und gewaltige Schäden anrichten kann. In der Mitte des Wirbels ist es völlig ruhig. Dort liegt das „Auge“ des Hurrikans.

Was sind Nordlichter?

In einem Buch habe ich gelesen, dass es am Nordpol ganz sonderbare Leuchterscheinungen am Himmel geben soll, die sogenannten Nordlichter. Dahinter steckt aber keine Zauberei, sondern Physik! Alles beginnt mit der Sonne. Sie gibt einen ständigen Strom geladener Teilchen ab. Die meisten von ihnen treiben ins Weltall. Die übrigen gelangen in die Erdatmosphäre. Das ist eine Lufthülle, die unsere Erde umgibt. Auch sie setzt geladene Teilchen frei und treibt sie in Richtung Nordpol. Wenn die geladenen Teilchen mit denen der Sonne zusammentreffen, wird eine Menge Energie frei. Und diese Energie erzeugt die Nordlichter, die in den unterschiedlichsten Farben leuchten.

Paschulke meint:
Ich stelle ein Windlicht im nördlichen Teil meines Gartens auf, dann sehe ich auch ein Nordlicht.

Wie lange dauert ein Tag auf dem Jupiter?

Mal angenommen, du schläfst jede Nacht etwa acht Stunden und würdest auf dem Jupiter leben, dann könntest du dich kurz nach dem Aufstehen schon wieder auf das Schlafengehen vorbereiten. Auf dem Jupiter sind die Tage nämlich viel kürzer als bei uns: Sie dauern nicht einmal zehn Stunden.

Das liegt daran, dass der Jupiter sich sehr viel schneller bewegt als die Erde. Die braucht 24 Stunden, um sich einmal um sich selbst zu drehen. Der Jupiter schafft das in weniger als zehn Stunden. Den Jupiter besuchen kannst du übrigens nicht. Zum einen liegt er unglaublich weit weg, zum anderen besteht er aus kaltem, flüssigem Wasserstoff und verschiedenen Gasen. Nur in der Mitte hat er einen kleinen Kern aus festem Gestein. Auf diesem Planeten könntest du also nicht einmal stehen.

Brauchen wir die Sonne?

Bestimmt nicht, denke ich mir, wenn ich mir mal wieder einen Sonnenbrand geholt habe. Wenn es aber draußen grau und trüb ist, komme ich zu einem anderen Ergebnis: Natürlich brauchen wir die Sonne! Und das nicht nur wegen der guten Laune.

Wenn es die Sonne nicht gäbe, wäre es dunkel und eiskalt auf der Erde. Weder Pflanzen noch Tiere und Menschen könnten ohne ihr Licht überleben. Außerdem wärmt die Sonne unseren Planeten wie eine riesige Heizung. Und da die Erde sich im Kreis dreht, wird jede Stelle eine Zeit lang aufgewärmt, und zwar immer, wenn dort Tag ist.

Was ist das Wattenmeer?

Beim letzten Urlaub an der Nordseeküste war zu bestimmten Zeiten das Wasser verschwunden. Das liegt daran, dass die Küste besonders flach ist und daher bei Ebbe ein Teil des Meeresbodens ganz oder teilweise trocken liegt. Das Wattenmeer erstreckt sich von den Niederlanden über die deutsche bis zur dänischen Nordseeküste und ist so einzigartig auf der Welt, dass es zum sogenannten Weltnaturerbe gehört.

Das bedeutet, dass es ganz besonders gut geschützt werden muss.

Wie dick ist die Ozonschicht?

Schwierige Frage, denn ich habe herausgefunden, dass es sich bei der Ozonschicht gar nicht um eine Schicht im eigentlichen Sinne handelt, so wie zum Beispiel eine Schicht Schokoladencreme in einem Kuchen. Ozon ist eine Form des Sauerstoffs und Teil der Luft, die wir einatmen. Dieses Ozon besteht wie alle Gase aus winzig kleinen Teilen, den Molekülen. Und die verteilen sich in einem etwa 30 Kilometer dicken Bereich rund um die Erde. Wenn man die Ozonmoleküle jedoch zusammendrücken würde, dann wäre die ganze Ozonschicht gerade mal 3,5 Millimeter dick.

Fritz-Fuchs-Tipp

Nimm eine Schneekugel und stell dir vor, jede Flocke darin wäre ein Ozonmolekül. Wenn du die Kugel schüttelst, verteilen sich die Flocken. Im ruhigen Zustand bilden sie eine dünne Schicht am Boden.

Was sind Längen- und Breitenkreise?

Wenn ich jemandem am anderen Ende der Welt erklären möchte, wo genau ich wohne, ist das gar nicht so einfach. Mit einer Weltkarte oder einem Globus aber kann ich ihm zumindest ungefähr sagen, wo ich mich befinde. Ein kluger Mensch ist nämlich auf die Idee gekommen, rund um die Erde ein „gedachtes“ Netz aus Linien zu spannen – und zwar einmal von oben nach unten und einmal sozusagen von links nach rechts.

Die Längenkreise erstrecken sich in festgelegten Abständen (Graden) von Pol zu Pol. Der sogenannte Nullmeridian verläuft durch Greenwich bei London/England. Von dort wird nach Osten und Westen jeweils bis 180 Grad gezählt. Bei den Breitenkreisen zählt man vom Äquator aus jeweils 90 Grad nach Norden und nach Süden. Wenn ich jetzt also meine genaue Position mitteilen will, müsste ich etwas sagen wie: Ich wohne 13 Grad östlicher Länge und 52 Grad nördlicher Breite.

Wie entsteht Wind?

Ganz schön windig heute! Mein Bauwagen ächzt und stöhnt, und Keks ist gerade mit völlig zerzaustem Fell von draußen reingekommen. Und bei Herrn Paschulke fallen die reifen Äpfel wie Blätter von den Bäumen. Dabei ist Wind nichts anderes als eine Luftströmung. Die Sonne erwärmt die Luft, die sich ausdehnt und nach oben steigt. Dadurch entsteht Raum für kühlere Luftmassen, die aus benachbarten Gebieten sozusagen in die Lücke drängen. Und dabei verursacht die nachrückende Luft Wind. Genau das richtige Wetter, um Drachen steigen zu lassen.

Keks und ich machen Wind.

Wie alt ist die Erde?

Diese Frage haben sich schon viele Menschen gestellt und unzählige Wissenschaftler haben versucht, den Ursprung unseres Planeten zu erkunden. Eine genaue Antwort haben sie bis heute nicht gefunden, aber sie vermuten, dass die Erde etwa viereinhalb Milliarden Jahre alt ist. Das ist eine Zahl mit neun Nullen!

Am Anfang sah die Erde noch ganz anders aus als heute, denn das Klima und die verschiedenen Landschaften, wie wir sie kennen, haben sich erst allmählich herausgebildet. Und unser Planet war lange Zeit unbewohnt, ehe es vor einigen Hundert Millionen Jahren dann die ersten Tiere gab. Wir Menschen sind übrigens noch ziemlich jung: Uns gibt es erst seit etwa einer Million Jahren. Unsere direkten Vorfahren haben sogar erst vor etwa 160 000 Jahren auf der Erde gelebt.

Woher hat die Milchstraße ihren Namen?

Wenn es im Sommer auch nachts noch schön warm und der Himmel klar ist, dann mache ich es mir in meiner Hängematte bequem und sehe mir den Sternenhimmel an. Manchmal kann ich sogar die Milchstraße sehen, dieses milchig weiße Band, das sich quer über den Himmel zieht.

Früher glaubten die Menschen, dass Gott dort oben aus Versehen Milch verschüttet habe. Und schon hatte die Sternenstraße ihren Namen: Milchstraße. Für ihr Leuchten sorgen so an die hunderttausend Millionen Sterne. Übrigens gehört auch unsere Erde und unser ganzes Sonnensystem zur Milchstraße, obwohl es uns so vorkommt, als seien wir unendlich weit davon entfernt.

Warum rutscht man auf Eis aus?

Beim letzten Glatteis bin ich draußen ganz schön ins Rutschen gekommen. Und nicht nur ich, auch Herr Paschulke ist prompt auf seinem Allerwertesten gelandet! Übrigens sind wir genau genommen gar nicht auf dem Eis ausgerutscht, sondern auf dem Wasserfilm, der sich auf der Eisoberfläche befindet. Wenn man über Eis geht, dann schmilzt es ein wenig. Das entstandene Wasser bildet einen dünnen Schmierfilm, auf dem man ausrutschen kann, wenn man nicht aufpasst. Beim Schlittschuhlaufen ist der Eiswasserfilm übrigens prima, weil er dafür sorgt, dass die Kufen schön gleiten.

Fritz-Fuchs-Tipp

Lege einen schweren Stein auf eine zugefrorene Pfütze. Wenn du ihn nach einer Weile wegnimmst, kannst du einen Wasserfilm auf der Eisoberfläche erkennen.

Seit wann weiß man, dass die Erde rund ist?

Lange Zeit glaubten die Menschen tatsächlich, die Erde sei eine Scheibe: Wer also zu lange mit dem Schiff geradeaus fährt, kippt irgendwann über den Rand. Die Entdeckungsreisenden Fernando Magellan und Juan Sebastián Elcano bewiesen vor rund 500 Jahren das Gegenteil: Sie umsegelten die Erde und kamen am gleichen Ort wieder an, an dem sie gestartet waren – ohne an irgendeiner Stelle über den Rand zu fallen.

Wie entsteht Hagel?

Nach dem letzten Gewitter lagen vor meinem Bauwagen kleine Eisklumpen im Garten: Hagel! Ich habe gleich mal nachgeforscht, wo und wie diese Hagelkörner eigentlich entstehen. Die Antwort lautet: in hohen Gewitterwolken, wo Aufwinde Wassertröpfchen in höhere und kühlere Wolkenbereiche tragen. Dort bilden sie kleine Eiskristalle, die wegen ihres größeren Gewichts wieder herunterfallen. Die starken Aufwinde tragen sie erneut nach oben, wo zusätzliches Wasser an ihnen gefriert. Durch die häufigen Auf- und Abbewegungen innerhalb der Wolke und durch Wasser, das immer wieder an den Eiskristallen anfriert, bilden sich Hagelkörner. Mit der Zeit werden sie so schwer, dass die Aufwinde sie nicht mehr oben halten können und sie zur Erde fallen. Zum Beispiel direkt vor meinen Bauwagen! Die größten Hagelkörner, die bisher vom Himmel gefallen sind, waren übrigens fast so groß wie ein Handball.

Wie viele Kontinente gibt es?

Wenn ich mir eine Weltkugel anschaue, dann ist es gar nicht so einfach, die Anzahl der Kontinente genau zu bestimmen. Gehen wir mal davon aus, dass Kontinente große, geschlossene Landmassen sind, dann finde ich recht schnell drei Kontinente: Antarktika (das ist das gesamte Gebiet um den Südpol einschließlich der Meeresregionen), Australien und Afrika. Nun wird es schwierig, denn Amerika ist an einer Stelle sehr schmal. Der nördliche Teil und der südliche Teil sind durch einen künstlich angelegten Schifffahrtskanal, den Panamakanal, voneinander getrennt. Daher wird Amerika oft in zwei Kontinente eingeteilt: in Nord- und Südamerika. Damit wären wir bei fünf. Jetzt fehlt nur noch das riesengroße Landgebiet, auf dem sich Europa und Asien befinden. Je nach Zählweise ergeben sich am Ende also bis zu sieben Kontinente.

Wie wandert die Sonne?

Jeden Morgen geht die Sonne auf und am Abend wieder unter. Eigentlich nichts Besonderes, oder? Aber hast du schon einmal darauf geachtet, dass sie das an verschiedenen Orten tut? Die Sonne wandert also allem Anschein nach im Laufe des Tages: Um 6 Uhr morgens, wenn sie aufgeht, ist sie im Osten zu sehen. Um 12 Uhr mittags erreicht sie ihren höchsten Stand im Süden. Und im Westen geht sie gegen 18 Uhr wieder unter. Tatsächlich aber ist es nicht die Sonne, die um die Erde wandert, sondern die Erde, die sich um die Sonne dreht und außerdem um die eigene Achse. Von der Erde aus betrachtet entsteht allerdings der Eindruck, als würde die Sonne wandern.

Fritz-Fuchs-Tipp

Beobachte, wo die Sonne auf- und untergeht, dann weißt du, wo von deinem Zimmer aus gesehen welche Himmelsrichtung liegt.

Können Dünen singen?

Ein Freund von mir forscht häufig in der Wüste. Dort, so hat er mir erzählt, erklingen manchmal merkwürdige Töne, die sich anhören, als würden die Dünen singen. Wenn der Wind kräftig in die Dünen pustet, entstehen Lawinen, in denen sich unzählige Sandkörner abwärts bewegen. Dieses Abrutschen des Sandes verursacht Schallwellen. Wenn sich genügend Sandkörner gleichzeitig bewegen, verstärken sie die Schallwellen und schon meint man, den Gesang einer Düne zu hören.

Mein Freund, der Wüstenexperte, forscht ausnahmsweise mal in meinem Garten!

Warum schmeckt Süßwasser nicht süß?

Salzwasser schmeckt ziemlich salzig, aber Süßwasser schmeckt nicht süß. Woran das liegt, habe ich in einem Lexikoneintrag erfahren. Darin steht, dass auch Süßwasser Salz enthält. Allerdings ist es so wenig, dass man es nicht schmeckt. Also müsste Süßwasser eigentlich „nicht nach Salz schmeckendes Wasser“ heißen. Das jedoch war den deutschen Fischern, die vor etwa 150 Jahren den Begriff „Süßwasser“ geprägt haben, viel zu kompliziert. Sie wollten nur zwischen Fischern unterscheiden, die im Meer fischten, und solchen, die dies in Flüssen und Seen taten. Flusswasser schmeckte nicht salzig, also nannten sie es „Süßwasser“. Und dieser Begriff hat sich bis heute gehalten, auch wenn er mit dem Geschmack des Wassers nichts zu tun hat.

Pflanzen

Wie alt werden Bäume?

Eines ist sicher: Viele Bäume werden sehr viel älter als wir. Bei meinen Nachforschungen habe ich herausgefunden, dass der älteste Baum im Norden Europas steht.
Mit seinem Alter kann keine Pflanze in meinem und Herrn Paschulkes Garten mithalten.

Na, neugierig geworden? Mehr darüber findest du hier in diesem Kapitel, in dem sich alles rund um spannende Fragen aus der Welt der Pflanzen dreht:

Wo wächst eigentlich der Pfeffer?
Wie fressen fleischfressende Pflanzen?
Welche Pflanzen haben Fallschirme?

Kennst du die Antworten? Ansonsten blättere doch um. Und lies nach, was ich so alles herausgefunden habe.

Wo wächst eigentlich der Pfeffer?

Herr Paschulke hat sich mal wieder über mich geärgert und zu mir gesagt: „Gehen Sie doch dahin, wo der Pfeffer wächst.“ Da bin ich neugierig geworden und habe nachgeforscht, wohin ich denn dann gehen müsste. Ziemlich weit, soviel ist sicher! Mein Weg würde zunächst nach Indien führen, denn an der dortigen Malabarküste wächst Pfeffer schon seit über 2000 Jahren. Inzwischen kommt der Pfeffer, den wir im Laden kaufen können, auch aus anderen Ländern: Vietnam, Indonesien, Brasilien und Malaysia sind neben Indien die größten Anbauländer.

Welcher Baum hat die größten Blätter?

Wenn der Herbst kommt, pustet der Wind die Blätter von den Bäumen und ich muss Laub fegen. Zum Glück sind die Blätter vor meinem Bauwagen leicht und lassen sich prima zusammenschieben. Wenn allerdings die Blätter einiger Palmen zu Boden fallen, dann reicht kein Rechen mehr. Ein einziges Blatt der Amazonas-Bambuspalme aus Südamerika wird zum Beispiel bis zu 20 Meter lang. Das ist echte Rekordgröße!

Woraus gewinnt man Zimt?

Suse hat mir dieses Jahr für jeden Adventssonntag eine Tüte mit selbst gebackenen Zimtsternen versprochen. Als Gegenleistung wollte sie von mir wissen, woher denn der Zimt stammt. Da habe ich mal nachgeforscht: In Asien gibt es Zimtbäume, die bis zu 12 Meter hoch werden können. Allerdings wachsen auf ihnen keine Zimtfrüchte. Um das leckere Gewürz zu erhalten, werden zuerst die kleineren Zweige der Bäume abgeschnitten. Dann schält man ihre rötliche Rinde ab und behandelt sie so, dass sich das Zimtaroma gut entwickeln kann. Anschließend wird die Rinde getrocknet und zu dem Pulver gemahlen, mit dem Suse dann für mich backen kann.

Fritz-Fuchs-Tipp

Zimt gibt es auch in Stangenform. An solch einer Zimtstange kannst du das Stück Rinde noch gut erkennen, das hier eingerollt ist.

Warum hilft Milch gegen Chilischärfe?

Gestern hat mir Yasemin eine besondere Paprika gezeigt – leuchtend rot und ziemlich schmal. Neugierig habe ich ein Stück abgebissen und sofort ist mir die Luft weggeblieben. Mein Mund brannte wie Feuer und ich bekam einen Schweißausbruch. Zum Glück hat Yasemin das Unheil kommen sehen, mir gleich ein Glas Milch gegeben und gesagt, ich soll mal einen Schluck nehmen und ihn nicht gleich herunterschlucken. Das Fett in der Milch löst nämlich die Scharfstoffe und mildert das Brennen.

Während ich so an der Milch nippte, hat sie mir dann erklärt, dass ich gerade auf eine Chilischote gebissen hätte. Na, so schnell mache ich das bestimmt nicht wieder. Zumindest nicht ohne einen Schluck Milch in Reichweite!

Wie entsteht Schimmel?

Neulich habe ich Brot aus einer Plastiktüte genommen und Schimmel darauf entdeckt. Wie kam der bloß in die Tüte? Eine Biologin konnte mir schnell weiterhelfen: Bei Schimmel handelt es sich um Schimmelpilze, die auf fast jedem Lebensmittel wachsen, wenn es schön warm und feucht ist, wie in einer Plastiktüte zum Beispiel. Schimmel entsteht zuerst an der Oberfläche, denn die Pilze brauchen Sauerstoff zum Wachsen. Daher ist er leicht zu erkennen. Und das ist auch gut so. Denn er ist schädlich für uns Menschen. Also, Augen auf!

Im Labor dem Schimmel auf der Spur

Warum ist die Banane krumm?

Ich esse für mein Leben gern Bananen. Du auch? Dabei habe ich mich gefragt, woher sie eigentlich ihre krumme Form haben? Mein Obsthändler in Bärstadt konnte mir gleich weiterhelfen:

Eine Bananenstaude trägt zur Blütezeit an ihrem oberen Ende büschelweise Blüten, die so schwer sind, dass sie bald nach unten kippen und herabhängen. Aus den Blüten entwickeln sich dann die Früchte: Minibananen, die langsam reifen und größer werden. Zuerst wachsen sie, wie zuvor die Blüten, nach unten. Doch wie alle anderen Pflanzen suchen auch die Bananen das Licht, um wirklich auszureifen. Deshalb krümmen sich die Früchte nach oben hin zur Sonne. Dann werden sie geernet und nach Europa verschifft. Und wir können dann hier im Laden die krummen Bananen kaufen, die so lecker schmecken!

Wie fressen fleischfressende Pflanzen?

Das kommt ganz auf die Pflanze an – das haben zumindest meine Nachforschungen ergeben. Beim krautartigen „Sonnentau“ sitzen feine Härchen auf den Blättern. Darin bleiben die Insekten hängen. Sofort schließen sich die Härchen über dem Opfer, die Pflanze gibt eine Flüssigkeit ab, die das Insekt tötet und allmählich auflöst. Die „Venusfliegenfalle“ hat Blätter mit einem Klappmechanismus, dem ihre Beute zum Opfer fällt. Noch anders geht die „Kannenpflanze“ vor: Ihre Blätter bilden eine Art Fallgrube, die Insekten zum Verhängnis werden kann. Immer aber sind zersetzende Flüssigkeiten im Spiel. Zähne haben fleischfressende Pflanzen nämlich nicht.

Paschulke meint:
Hauptsache, sie futtern mir nicht mein Steak weg.

Obst und Gemüse: Was ist der Unterschied?

Obst und Gemüse aus dem eigenen Garten schmeckt mir am besten. Auf die Frage, worin sich die beiden unterscheiden, meinte Herr Paschulke nur: „Ist doch alles gleich.“ Und damit hat er gar nicht mal so unrecht, denn sowohl Obst als auch Gemüse sind Früchte, also Teile von Pflanzen, die Samen enthalten. Sie wachsen im Boden, an Sträuchern oder an Bäumen und man kann sie roh oder gekocht essen.

Eine wissenschaftliche Unterscheidung zwischen Obst und Gemüse gibt es nicht. Irgendwann wurde einmal festgelegt, welche Frucht zum Obst und welche zum Gemüse zählt. Und ich selbst habe auch noch zwei kleine Unterschiede entdeckt: Obst ist im Unterschied zu Gemüse meistens süß. Und von einem Obstbaum oder -strauch kann man mehrere Jahre lang Früchte ernten. Gemüsepflanzen aber müssen jedes Jahr neu ausgesät werden.

Woran erkennt man das Alter eines Baumes?

Bei einer Rast im Wald habe ich mir neulich die Stämme der frisch gefällten Bäume genauer angesehen. Da sind mir gleich die vielen Ringe aufgefallen. Mit ihnen führt jeder Baum genau Buch über sein Leben, denn Jahr für Jahr entstehen neue, wenn der Stamm wächst. Im Frühjahr bildet der Baum einen hellen und zum Herbst einen dunklen Ring. Wenn du die beiden zusammennimmst, kannst du bei jedem gefällten Baum genau abzählen, wie alt er wurde.

Kleine Verschnaufpause im Wald

Was ist Mohn?

Neulich zum Kaffee habe ich mir in der Bäckerei eine leckere Mohnschnecke gekauft und einfach mal nachgefragt, woraus denn diese Mohnfüllung besteht, die ich so gerne esse. „Aus den nussig duftenden Samen des Schlafmohns“, lautete die Antwort. Mohn ist eine Pflanze, die bis zu anderthalb Meter hoch wird. Ursprünglich stammt sie aus dem östlichen Mittelmeerraum, aus Ländern wie Griechenland oder der Türkei. Inzwischen wächst sie auch bei uns wild. Sie hat herrliche violette bis rote Blüten. Übrigens kann man die kleinen Samenkörner auch wunderbar auf Brötchen streuen, dann hat man leckere Mohnbrötchen.

Warum wirft die Lärche ihre Nadeln ab?

Im Winterwald gleich hinter meinem Bauwagen ist mir etwas Merkwürdiges aufgefallen: Alle Nadelbäume hatten noch ihr grünes Kleid, nur die Lärche nicht. Die hatte ihre Nadeln abgeworfen. Also habe ich sie mal mit denen einer Tanne verglichen. Und siehe da: Die Tannennadeln waren von einer Wachsschicht überzogen, die Lärchennadeln nicht. Ohne Wachs aber verliert ein Baum wie die Lärche zu viel lebenswichtiges Wasser, das ohne Schutz nach außen verdunsten kann.

Im Winter, wenn es gefroren ist, kann die Lärche auch aus dem Boden nicht genügend Wasser nachsaugen, um sich selbst und ihre Nadeln mit Flüssigkeit zu versorgen. Damit sie nicht ganz austrocknet, wirft sie ihre Nadeln ab. Genau das Gleiche tun Laubbäume mit ihren Blättern. Auch sie verhindern so das Austrocknen in der kalten Jahreszeit.

Fruchtsaft und Nektar: Ist das das Gleiche?

Hmm, lecker, so ein Glas Orangensaft. Aber Moment mal, auf der Packung steht „Orangennektar“. Was soll das denn heißen? Da frage ich schnell mal bei Yasemin am Kiosk nach. Aha, sie meint, bei Fruchtnektar handelt es sich nicht um reinen Saft, sondern um ein Frucht-Wasser-Zucker-Gemisch.

Nektar ist aber auch ein spezieller Saft, den Blumen produzieren. Er enthält viel Zucker und kommt aus den sogenannten Honigdrüsen, die in oder nahe der Blüte liegen. Mit dem Nektar lockt die Blume Insekten an. Während sie ihn aufsaugen, bestäuben sie gleichzeitig die Blüte.

Fritz-Fuchs-Tipp

Die alten Griechen glaubten tatsächlich, man würde unsterblich, wenn man Nektar tränke. Natürlich nicht den aus dem Supermarkt!

Welche Pflanze hat Fallschirme?

Bestimmt weißt du, dass aus der Löwenzahn-Pflanze nach dem Blühen eine wunderbare Pusteblume wird. Wenn du sie kräftig anbläst, kannst du beobachten, wie ihre feinen Härchen wie kleine Fallschirme durch die Luft segeln. Noch besser fliegen sie allerdings, wenn kräftiger Wind weht – und das ist auch gut so, denn dann gibt es bald an vielen weiteren Stellen Löwenzahn. An den Schirmchen aus feinen Haaren hängen die Samen und werden auf diese Weise weit verteilt. Übrigens haben wir uns den „Schirmtrick“ beim Löwenzahn abgeguckt und bei der Entwicklung von Fallschirmen eingesetzt. So können wir Menschen wie die Löwenzahn-Samen durch die Luft gleiten.

Paschulke meint:
Fallobst könnte Fallschirme gebrauchen, damit kein Mus unten ankommt.

Wie alt werden Bäume?

In der Zeitung habe ich gelesen, dass Forscher in Schweden eine Tanne aufgespürt haben, die mehr als 9500 Jahre alt sein soll. Ein unglaublicher Rekord, denn die bis dahin bekannten ältesten Bäume waren nur etwa halb so alt: die Grannenkiefern, die in den USA wachsen. Da kann die Eiche, die im Bärstädter Wald steht, nicht mithalten. Sie bringt es nur auf etwa 1000 Jahre. Zwei Dinge aber sind klar: Bäume werden viel älter als Menschen, und Bäume erreichen ebenso wie Menschen ein unterschiedliches Alter.

Wozu dient Kork?

Hast du schon mal bemerkt, dass manche Essig- oder Ölflaschen mit einem Korken verschlossen sind? Der besteht – wie sein Name schon ahnen lässt – meistens aus Kork. Kork wird aus der Rinde der Korkeiche gewonnen. Er ist für den Baum in etwa das, was für uns die Hornhaut unter den Fußsohlen ist – ein schützendes Gewebe aus abgestorbenen Zellen.

Korkeichen findest du zum Beispiel in Portugal oder Italien. Alle acht bis zwölf Jahre kann die Korkschicht von ihrer Rinde abgeschält und verarbeitet werden. Im Laufe seines Lebens liefert jeder Baum zwischen 100 und 200 Kilogramm Kork. Und der ist nicht nur für die Herstellung von Korken wichtig. Er eignet sich auch hervorragend als Fußbodenbelag oder zur Wärmedämmung in Häusern.

Welche Pflanze hat die größten Blüten?

Bei einer Wanderung durch den Wald habe ich nach der größten Blüte gesucht. Ich bin zwar auf eine Menge Blumen gestoßen, aber so richtig groß waren deren Blüten nicht. Zu Hause habe ich dann im Internet recherchiert und erfahren, dass ich in den Dschungel Südostasiens fahren müsste, um eine Rekordblüte zu sehen. Dort wächst die orangebraun und weiß gefleckte Schmarotzerlilie. Ihre Blüte hat einen Durchmesser von bis zu 91 Zentimeter. Ein einziges Blütenblatt kann bis zu elf Kilogramm wiegen: Das ist ungefähr so viel wie ein Eimer Wasser.

Fritz-Fuchs-Tipp

Die größte Blüte unserer einheimischen Pflanzen hat die Sonnenblume.

Tiere

Wie schnell ist ein Gepard?

Neulich hat Keks einen Spurt hingelegt. Herrn Paschulke und mich hat er locker abgehängt, aber bei einem Geparden würde das vermutlich nicht gelingen. Das zumindest habe ich bei meinen Nachforschungen gelernt. Und ich habe erfahren, dass rennen einen Geparden ganz schön müde macht.

Die Welt der Tiere steckt voller Rätsel, oder? Ich jedenfalls bin auf viele verblüffende Fragen gestoßen:

Hat ein Regenwurm Zähne?
Können sich Fledermäuse unterhalten?
Fressen Haie Menschen?

Falls du die Antworten schon kennst, prima! Ansonsten blättere einfach um und lass dich überraschen. Ich habe nämlich jede Menge herausgefunden!

Wie schnell ist ein Gepard?

Tja, selbst wenn ich kräftig in die Pedale treten würde, könnte ich einem Gepard nicht folgen, denn er beschleunigt in nur vier Sekunden von 0 auf 100 Kilometer pro Stunde, in etwa so schnell wie ein Porsche. Im Lauf erreicht er dann Spitzengeschwindigkeiten von bis zu 120 Kilometer pro Stunde. Allerdings hält die Raubkatze dieses Tempo nur ein paar Hundert Meter durch. Dann ist sie völlig erschöpft und muss sich ausruhen. Noch nicht einmal fressen kann ein Gepard dann. Er muss völlig ermattet mit ansehen, wie sich andere Raubtiere über seine gerade geschlagene Beute hermachen und ihm nur die Reste bleiben.

Mit dem Fahrrad hole ich einen Gepard nicht ein.

Wie viele Ameisen leben in einem Ameisenstaat?

Neulich bin ich in meinem Garten auf eine Ameisenstraße gestoßen. In einer langen Schlange krabbelten die kleinen Insekten hin und her. Ich wollte wissen, wie viele Ameisen da herumliefen, aber irgendwann habe ich mit dem Zählen aufgehört, denn es waren einfach zu viele. Immerhin habe ich in der Nähe eines Baumes den Eingang zu ihrem Nest gefunden.

Ameisen sind sehr gesellige Tiere, die ihre Nester meist unter der Erde bauen. In diesen Ameisenstaaten leben dann je nach Ameisenart zwischen ein paar Hundert bis zu eineinhalb Millionen Tiere zusammen. Es gibt Königinnen, die nichts anderes tun als Eier zu legen, Arbeiterinnen, die für die Aufzucht der Jungtiere sorgen, und die geflügelten Männchen, die allein für die Fortpflanzung zuständig sind.

Wie hören Elefanten?

Da bin ich doch auf eine unglaubliche Meldung gestoßen: Elefanten hören nicht nur mit den Ohren, sondern auch mit ihren Füßen. Forscher haben herausgefunden, dass sich die Dickhäuter über eine Entfernung von 30 Kilometern verständigen können und so zum Beispiel ihre Artgenossen vor Feinden warnen. Sie stampfen dann kräftig mit ihren Füßen auf dem Boden auf. Da ein Elefant ein paar Tonnen wiegt, hat er sehr viel Kraft. Die Tritte erzeugen Schwingungen, die sich über den Boden ausbreiten. Diese werden über die Zehennägel anderer Elefanten auch noch in weiter Ferne aufgenommen und ans Ohr weitergeleitet. Auf diese Weise können Elefanten tatsächlich mit ihren Füßen hören.

Paschulke meint:
Wenn es was zu futtern gibt, bestimmt gut. Da sind die wie ich.

Wann wechselt ein Chamäleon seine Farbe?

Hast du im Zoo schon einmal ein Chamäleon beobachtet? Mit viel Geduld kannst du beobachten, wie es seine Farbe wechselt. Zum Beispiel, wenn in der Balzzeit ein männliches auf ein weibliches Chamäleon trifft! Um die Chamäleondame auf sich aufmerksam zu machen, nimmt das Chamäleonmännchen auffällige Farben und Muster an. Manchmal reagiert das Chamäleon mit seinem Farbwechsel aber auch auf seine Umwelt. Je nach Temperatur, Tageszeit und Lichteinfall kann es ein anderes Aussehen annehmen.

Den Farbwechsel erreicht das Tier übrigens mit kleinsten Muskeln. Sie legen Zellschichten frei, auf denen sogenannte Farbpigmente sitzen. Das Ganze funktioniert im Drei-Schichten-System: Die oberste Zellschicht erzeugt gelbliche und rötliche Farbtöne, die mittlere schwarze und die unterste blaue. Clevere Einrichtung, oder?

Woher kommen Muschelschalen?

Am Meer macht nicht nur das Baden viel Spaß, sondern auch das Muschelsuchen am Strand, oder? So viele Muschelschalen – und ständig kommen neue hinzu. Sie sind die Überbleibsel von Muscheln. Diese Weichtiere leben am Meeresboden. Ihre Schale wächst mit ihnen. Stirbt die Muschel, treibt sie frei im Wasser umher und wird irgendwann an einen Strand gespült. Und da kannst du sie dann finden!

Erstmal ausruhen, ehe wir auf Muschelsuche gehen.

Können sich Fledermäuse unterhalten?

Wenn in der Dämmerung Fledermäuse durch meinen Garten huschen, geschieht das völlig lautlos. Kaum vorstellbar, dass die Flattertiere sich auch miteinander unterhalten können. Allerdings stoßen sie Laute aus, die so hoch sind, dass ich sie nicht hören kann: sogenannte Ultraschalllaute. Keks jedoch hört viel besser als ich und nimmt die Fledermauslaute wahr. Doch leider versteht er die Sprache der Flattertiere nicht, sonst könnte er spannenden Geschichten lauschen.

Wie ich gelesen habe, bräuchte ich einen sogenannten Schalldetektor, um auch etwas mitzubekommen. Er sieht aus wie ein MP3-Player mit Kopfhörern. Ich kann ihn so einstellen, dass er die Rufe der Fledermäuse tiefer erscheinen lässt und ich sie dann auch höre.

Was ist das älteste Haustier der Welt?

Auch ich habe ein Haustier, und zwar ein ziemlich zotteliges: Keks. Aber seit wann halten Menschen Haustiere? Schon vor vielen Tausend Jahren haben sie damit begonnen. Das hatte weniger mit Tierliebe zu tun als mit praktischem Nutzen: Pferde und Ochsen konnten Karren ziehen, aus Schafswolle konnte man warme Pullover stricken, die Kuh gab Milch zum Trinken, die Hühner legten Eier und das Fleisch von Schweinen schmeckte gut. Das vermutlich älteste Haustier aber ist der Hund. Er lieferte zwar nichts, was die Menschen verwerten konnten. Aber er bewachte Hütten und Häuser, diente als hervorragender Helfer bei der Jagd und war treu und anhänglich. Und das ist bis heute so, richtig, Keks?

Hat ein Regenwurm Zähne?

Neulich habe ich beim Umgraben einen Regenwurm gefunden und ihn näher untersucht. Bekanntlich sind Regenwürmer richtige Vielfraße, die sich ihren Weg durch die Erde futtern. Wer so viel mampft, braucht sicher gute Zähne. Doch wo sitzen die? Das Suchen kann ich mir sparen, denn Regenwürmer haben keine Zähne. Sie nehmen ihre Nahrung durch Saugen und Pumpen auf. Wenn ein Regenwurm zum Beispiel ein Blatt verspeist, feuchtet er es erst mit einer speziellen Flüssigkeit an, die das Blatt zersetzt. Dann kann er es wie eine Nudel einsaugen.

Welche Farbe hat die Haut von Eisbären?

Schade, dass ich im Zoo nicht einfach auf einen schlafenden Eisbären klettern und mir die Haut ansehen kann, die sich unter seinem weißen Fell verbirgt. Das wäre ja viel zu gefährlich. Dennoch möchte ich die Haut einmal mit eigenen Augen sehen, denn ich habe gehört, dass sie fast schwarz ist. So kann sie die Wärme der Sonnenstrahlen perfekt speichern. Von dort gelangt diese dann in die Fettschicht direkt unter der Haut, sodass es dem Eisbären im eisigen Winter am Südpol immer schön warm ist.

Fritz-Fuchs-Tipp

Wenn Eisbären in der warmen Sonne rennen, wird ihnen mitunter so heiß, dass sie sich im Schnee wälzen müssen, um wieder abzukühlen.

Sind Ponys auch Pferde?

Ja, sie sehen doch auch aus wie Pferde, nur sind sie ein gutes Stück kleiner. Die Höhe von Pferden wird übrigens an einer bestimmten Stelle des Rückens gemessen. Liegt ihr „Stockmaß", so sagen die Pferdeprofis, unter 1,48 Meter, dann gehören sie zu den Kleinpferden, auch Ponys genannt.

Ponys können mitunter übrigens schwerer zu erziehen sein als Großpferde. Diese Erfahrung musste Herr Paschulke auch schon einmal machen. Er dachte nämlich, auf einem Pony könnte er viel leichter reiten. Weit gefehlt, das Tier hat erst minutenlang gar keinen Schritt gemacht und ist dann in jede Richtung gelaufen, nur nicht in die, in die Herr Paschulke wollte. Na ja, immerhin war das Absitzen einfacher!

Ist es den Pinguinen im Zoo nicht zu warm?

Ich habe gelesen, dass Pinguine die Kälte und kaltes Wasser lieben. Da müsste es ihnen doch eigentlich im Zoo zu warm sein, insbesondere im Außengehege. Ein Tierpfleger hat mich beruhigt. Die Pinguine, die sich im Zoo draußen aufhalten, gehören zu Arten, die ein wärmeres Klima gewohnt sind, wie die Brillenpinguine, die eigentlich an der Küste Südafrikas leben.

Pinguine aus kalten Gebieten wie zum Beispiel Königspinguine müssen vor allem im Sommer immer drin sein. Ihr Gehege wird nämlich klimatisiert und deshalb nie wärmer als 12 Grad. Nur nachts, wenn sich die Temperaturen abgekühlt haben, dürfen sie nach draußen, um ein bisschen frische Luft zu schnappen. Zu große Wärme würde den Pinguinen schaden.

Sehen Hunde anders?

Neulich hat Keks eine Fährte aufgenommen und mich dabei aus den Augen verloren. Da stand er ein wenig verlassen in der Gegend. Erst als ich in die Luft gesprungen bin und ihm gewinkt habe, ist er auf mich zugelaufen. Hunde sehen nämlich nicht so weit und nicht so scharf wie Menschen, dafür erkennen sie sehr viel schneller Bewegungen. Außerdem nehmen sie Farben anders wahr. Richtig gut sehen kann Keks übrigens in der Dämmerung, denn auf seinem Augenhintergrund befindet sich eine Schicht, die Licht reflektiert und die uns Menschen fehlt.

Warum glühen Glühwürmchen?

Wenn ich in warmen Sommernächten vor meinem Bauwagen sitze, sehe ich manchmal winzige Lichter durch die Dunkelheit schwirren. Das sind männliche Glühwürmchen, die nach einer Partnerin Ausschau halten. Glühwürmchen produzieren chemische Stoffe, die zusammen mit Sauerstoff aus der Luft reagieren. Dabei wird Energie in Form von Licht frei. Und dieses Leuchten sehen wir dann nachts. Die Glühwürmchen-Weibchen sitzen übrigens im Gras, beobachten den Himmel und geben ebenfalls Leuchtzeichen ab. Allerdings können sie nicht fliegen und müssen darauf warten, dass ein Männchen punktgenau neben ihnen landet.

Paschulke meint:
Wer meinem Grill zu nahe kommt, der fängt schon mal an zu glühen.

Wie gefährlich sind Piranhas wirklich?

Neulich habe ich eine Geschichte gelesen, in der stand, dass Piranhas einen Taucher angefallen hätten. Da musste ich natürlich erst einmal nachforschen, ob so etwas tatsächlich passieren kann oder ob da die Fantasie mit dem Autor durchgegangen ist. Tatsächlich haben die Tiere messerscharfe Zähne und sind nicht ungefährlich.

Auf jeden Fall sollte man nicht mit einer offenen Wunde ins Wasser gehen, in dem Piranhas leben, denn Blut lockt sie in Massen an. Im Allgemeinen fressen Piranhas Fische und tote Tiere, aber sie fallen auch über kranke und verletzte Tiere her. Ob es tatsächlich lebensgefährliche Angriffe auf Menschen gibt, konnte ich allerdings nicht herausfinden.

Wer machte die Katze zum Haustier?

Na, da unten haben sich ja zwei Haustiere gefunden. Bereits seit mehr als 4000 Jahren leben Menschen mit Katzen zusammen. Die Ägypter machten den Anfang: Katzen erschienen ihnen nämlich als außerordentlich nützlich, da sie in den Getreidelagern Mäuse jagten. So begannen sie, wilde Katzen zu zähmen, damit sie die lästigen Nager loswurden. Die Katzen verbreiteten sich durch den Menschen in vielen Ländern und waren bald überall geschätzt.

Woraus besteht ein Schildkrötenpanzer?

Yasemin hat zwei Schildkröten von einer Freundin in Pflege genommen. Ich habe die Gelegenheit gleich mal genutzt und den Schildkrötenpanzer genauer unter die Lupe genommen. Ich bin vorsichtig mit dem Finger darübergefahren und habe festgestellt, dass der Panzer ziemlich hart ist. Das muss er auch sein, denn er soll den empfindlichen Körper des Tieres schützen.

Der Panzer besteht meist aus Knochenplatten, die aus der Wirbelsäule und den Rippen entstanden sind. Wie bei uns Menschen sind aber Wirbelsäule und Rippen von Fleisch umgeben. Das heißt, eine Schildkröte kann mit ihrem Panzer auch fühlen. Die schützende äußere Schicht ist nur eine dünne Hornschicht. Den Panzer trägt die Schildkröte ihr ganzes Leben. Wird sie größer, wächst er mit.

Wo schlafen Robben?

Diese hier ist jedenfalls hellwach. Aber sie wartet auch auf eine Leckerei! Tagsüber dösen Robben gerne auf Sandbänken und tanken Sonne und Wärme. Richtig schlafen tun sie dann allerdings nicht, denn ihre eigentliche Nachtruhe halten sie im Wasser. Wie sie das machen? Je nach Art haben Robben zwei verschiedene Möglichkeiten entwickelt: Die einen strecken beim Schlafen ihr Gesicht über die Wasseroberfläche, um immer genügend Sauerstoff abzubekommen. Die anderen lassen sich auf den Boden absacken, wachen alle paar Minuten auf und schwimmen nach oben, um Luft zu holen.

Was fressen Kaulquappen?

Bald habe ich wieder Froschlurche in meinem Garten, denn im Teich schwimmen ihre Larven, die Kaulquappen. Die Winzlinge haben tatsächlich kleine Zähne, mit denen sie gut kauen können. Sie fressen Algen, kleine Pflanzenreste und auch Reste von Tieren – alles, was sie finden. Außerdem „trinken" Kaulquappen ständig Wasser, denn darin befindet sich der lebenswichtige Sauerstoff. Jeden Tag wachsen sie ein bisschen. Und ich kann gespannt beobachten, wann die ersten zu Froschlurchen werden.

Fritz-Fuchs-Tipp

Mit einem Einmachglas kannst du vorsichtig etwas Wasser mit Kaulquappen aus einem Teich schöpfen und die Tiere beobachten. Vergiss aber nicht, sie gleich wieder in den Teich zurückzulassen.

Wie atmen Molche?

Gestern habe ich einen Molch in meinem Garten gefunden. Er wollte anscheinend gar nicht Richtung Teich wandern, sondern hatte es sich an einer feuchten Stelle bequem gemacht. Warum feucht? Weil Molche Feuchtigkeit brauchen, damit sie besser atmen können.

Die Tiere haben wie wir Menschen Lungen, allerdings atmen sie hauptsächlich über die Körperhaut. Wenn diese feucht ist, dann gelangt der Sauerstoff durch ihre dünne Haut in die Blutgefäße. Molche entwickeln sich übrigens aus Kaulquappen. Die wiederum atmen wie Fische über Kiemen, die sie jedoch abwerfen, wenn sie zum Molch werden. Ab diesem Zeitpunkt können sie nicht mehr unter Wasser atmen.

Warum geben Kühe Milch?

Kurz hinter Bärstadt gibt es einen Bauernhof. Dort leben auch Kühe. Die Bäuerin hat mir verraten, dass sie nicht automatisch Milch geben. Genau wie bei allen anderen Säugetieren ist die Milch eigentlich für das Jungtier da, also für das Kalb, das am Euter saugt. Die Kuh gibt fast ein Jahr lang Milch. Entwöhnt man das Kalb schneller, können wir die Milch nutzen, zum Beispiel trinken oder zu Butter verarbeiten. Und wenn die Kuh jedes Jahr Nachwuchs bekommt, produziert sie auch weiterhin Milch.

Auf dem Bauernhof habe ich einiges über Kühe erfahren..

Woher hat das Murmeltier seinen Namen?

Manchmal macht es großen Spaß, ein wenig Namensforschung zu betreiben. Dabei habe ich beispielsweise herausgefunden, dass schon die Römer das Murmeltier kannten. Sie fanden, dass es einer Maus ziemlich ähnlich sah, und nannten es „mus montis“, was übersetzt „Bergmaus“ bedeutet. Später entstand daraus „murmunto“. Da die Menschen diesen Namen aber nicht verstanden, entwickelten sie daraus im Laufe der Zeit unser heutiges Wort „Murmeltier“. Dabei murmeln Murmeltiere überhaupt nicht. Im Gegenteil – sie verständigen sich mit lautem Pfeifen.

Paschulke meint:
Mit Murmeltieren kenne ich mich nicht aus. Die kommen in meinem Garten zum Glück nicht vor.

Was ist Kaviar?

Neulich war ich zu einem Geburtstagsfest eingeladen. Da war was los ... Sogar eine Band hat gespielt und außerdem gab es Kaviar zu essen. Das sind wenige Millimeter große dunkle Kügelchen, die auf einer Scheibe Weißbrot lagen. Wie das geschmeckt hat? Ziemlich fischig. Kein Wunder, denn Kaviar sind Fischeier. Eigentlich kann Kaviar von jedem weiblichen Fisch stammen, der nicht giftig ist. Echter Kaviar aber stammt ausschließlich vom Stör. Die Eier werden sofort gewaschen und gesalzen. Je größer sie sind, desto teurer sind sie. Weil Kaviar allgemein als Delikatesse zählt, wird er manchmal auch „Schwarzes Gold" genannt.

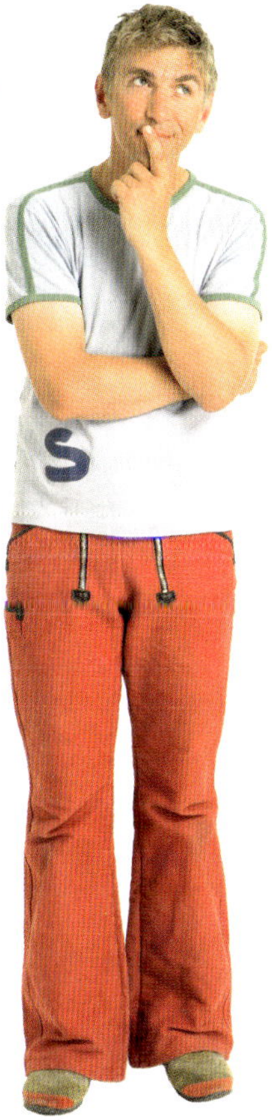

Wie viele Tierarten gibt es auf der Welt?

Um diese Frage zu beantworten, habe ich viele Bücher zurate gezogen und eine Menge unterschiedlicher Zahlen gefunden. Welche davon stimmt, können vermutlich nicht einmal schlaue Wissenschaftler sagen. Nur eins scheint klar zu sein: Es gibt weit über eine Million Tierarten. Weil wir aber noch längst nicht alle Arten entdeckt haben, können es auch viel, viel mehr sein.

Es gibt sogar eine eigene Forschungsrichtung, die sich mit noch unbekannten Tierarten beschäftigt: die sogenannte Kryptozoologie. Vermutlich aber werden wir nie alle Arten kennenlernen, denn jeden Tag sterben 100 bis 150 von ihnen aus. Umso wichtiger ist es, dass wir mit unserer Umwelt sorgsam umgehen!

Wie unterscheiden sich Nashorn und Rhinozeros?

Neulich war ich doch etwas verwirrt. In einem Tierfilm waren diese Tiere mit den Hörnern auf der Schnauze zu sehen. Mal hießen sie Nashorn, mal Rhinozeros, sahen aber immer gleich aus. Da habe ich den Fernseher ausgemacht und nachgeforscht, was denn der Unterschied zwischen diesen Tieren ist. Und weißt du was? Es gibt keinen! Nashorn und Rhinozeros sind zwei Bezeichnungen für das gleiche Tier. Wir sagen Nashorn, aber die Fachbezeichnung lautet Rhinozeros. Da hätte ich also auch in Ruhe zu Ende gucken können.

Fritz-Fuchs-Tipp

Alle Nashornarten haben zwei Hörner, mit Ausnahme von Panzernashorn und Javanashorn. Sie haben nur eins.

Warum zerwühlen Wildschweine den Waldboden?

Neulich durfte ich den Förster in den Wald begleiten. Wir hatten Glück und konnten Wildschweine beobachten. Sie waren gerade dabei, mit ihrer Schnauze den Waldboden zu zerwühlen. Der Förster hat mir erklärt, dass sie nach Nahrung suchen. Auf ihrem Speiseplan stehen Wurzeln, Insekten, Mäuse, Kräuter und Früchte. Diese Wühlerei ist übrigens nicht nur nützlich für die Wildschweine, sondern auch für den Wald. Die Erde wird aufgelockert und Pflanzensamen können besser keimen.

Psst! Wildschweine unterwegs!

Warum sind Riesenschildkröten fast ausgestorben?

Yasemin hat mir neulich erzählt, dass sie zu den Riesenschildkröten auf den Galapagosinseln reisen möchte. Diese Inselgruppe liegt in Südamerika. Allerdings sollte Yasemin nicht zu lange warten, denn die Tiere sind inzwischen fast ausgestorben. Das liegt daran, dass Schildkröten in vielen Regionen gegessen und auch als Haustiere gehalten werden. Außerdem dienen ihre Panzer manchmal als Touristenandenken oder als Material für Schmuck und Kämme.

Für die Riesenschildkröten auf den Galapagosinseln ist das größte Problem, dass mit den Menschen auch neue Tierarten auf die Insel gelangt sind, die ihnen gefährlich wurden. Ratten und verwilderte Hunde zum Beispiel fressen die Eier der Schildkröten. Dadurch kommen immer weniger Junge zur Welt.

Was rauscht in der Muschel?

Aus ihrem Urlaub hat mir Yasemin eine große Muschel mitgebracht und zu mir gesagt, ich soll sie ganz dicht an mein Ohr halten, dann könnte ich das Meer rauschen hören. Es hat tatsächlich funktioniert. Ich hatte fast das Gefühl, ich wäre am Strand. Allerdings war das Ganze eine schöne Täuschung, denn eine Muschel rauscht nicht. Was ich gehört habe, war in Wirklichkeit ein Geräusch, das aus meinem eigenen Körper kam: das Rauschen meines Blutes. Eigentlich schade, aber ich kann mir jederzeit wieder vorstellen, dass da doch das Meer rauscht, wenn ich die Muschel an mein Ohr halte.

Fritz-Fuchs-Tipp

Lege einmal deine Hand wie eine „Muschel" auf dein Ohr. Wenn es um dich herum ganz still ist, hörst auch du es rauschen.

Wie kommen Spinnen zur Welt?

Immer mal wieder finde ich Spinnen in meinem Bauwagen. Wie die wohl Nachwuchs bekommen? Nachdem das Spinnenmännchen das Spinnenweibchen befruchtet hat, wachsen beim Spinnenweibchen kleine Eier heran. Das Weibchen bastelt aus einem Spinnfaden eine Hülle um die Eier, in denen die Jungspinnen heranreifen. Diese Hülle heißt auch Kokon. Manche Spinnen hängen diesen Kokon in ihrem Spinnennetz auf, andere tragen ihn mit sich herum. Schließlich schlüpfen die jungen Spinnen aus den Eiern aus. Eine Zeitlang bleiben sie noch bei der Mutter. Sie sitzen bequem auf ihrem Rücken und lassen sich durch die Gegend tragen.

Fressen Haie Menschen?

Immer wieder lese ich in der Zeitung, dass ein Mensch von einem Hai angegriffen wurde. Dabei sind die meisten Haie überhaupt nicht gefährlich. Durch Haiangriffe sterben zum Beispiel sehr viel weniger Menschen als durch Wespenstiche.

Dennoch gilt der Hai weiterhin als gefährliches und blutrünstiges Wesen. Wenn er angreift, wird er entweder provoziert – beispielsweise weil ein Taucher seine Flosse anfasst – oder er hält den Menschen für Beute. So verwechselt der Weißhai zum Beispiel einen Schwimmer oder einen Surfer, der auf seinem Surfbrett liegt, mit einer Robbe, die er normalerweise jagt. Wir gehören nämlich ganz und gar nicht auf seinen Speiseplan.

Warum schnurren Katzen?

Wunderbar, so eine Katze zum Streicheln. Ihr scheint es auch zu gefallen, denn ich kann sie schnurren hören. Und auch schnurren fühlen. Denn der ganze Katzenkörper zittert jetzt vor Wohlbehagen. Bereits im Alter von etwa einer Woche (noch bevor sie die Augen aufmachen) schnurren die Katzenjungen, wenn sie gesäugt werden. So teilen sie der Mutter mit, dass alles in Ordnung ist. Übrigens schnurrt die Katze auch beim Säugen: So will sie ihre Jungen beruhigen.

Warum können Papageien sprechen?

Im Zoo beobachte ich manchmal einen Papagei, der die verschiedensten Wörter plappert. Ein Tierpfleger hat mir erklärt, dass der Papagei auch in freier Wildbahn Geräusche nachmacht, und zwar die Töne der dort lebenden Tiere. Wenn ein Papagei jedoch bei Menschen lebt, dann versucht er, deren Sprache zu sprechen. Er plappert einfach einzelne Wörter nach, die er oft hört, und möchte damit Zuwendung bekommen. Wenn er zum Beispiel in einer Familie lebt und jeden, der hereinkommt, mit „Hallo" begrüßt, freut sich derjenige und gibt ihm etwas zu fressen.

Fritz-Fuchs-Tipp

Nicht alle Papageien können sprechen, sondern nur diejenigen, deren Zunge sehr beweglich ist. Wie die Graupapageien zum Beispiel.

Wie viele Königinnen hat ein Bienenvolk?

Im Frühling und Sommer fliegen die Bienen von Blüte zu Blüte und sammeln Nektar. Jedes Mal, wenn ich versucht habe, eine Biene zu verfolgen und festzustellen, wo sie lebt, habe ich sie irgendwann aus den Augen verloren. Also habe ich mal einen Imker besucht. Er macht zusammen mit den Bienen den besten Honig von Bärstadt.

Er hat mir seinen Bienenstock gezeigt, in dem es von Bienen nur so wimmelte. Bis zu 50 000 Tiere gehören zu einem Bienenvolk. An seiner Spitze steht eine einzige Königin. Daneben gibt es unzählige Arbeiterinnen, die für Ordnung im Bienenstock sorgen und die Jungen und die Königin füttern. Männchen gehören auch zum Bienenvolk. Sie werden Drohnen genannt und haben die Aufgabe, die Königin zu befruchten, damit Nachwuchs kommen kann. Haben sie ihre Aufgabe erfüllt, werden sie verjagt.

Woher hat der Tasmanische Teufel seinen Namen?

Als ich das erste Mal den Namen dieses Tieres gelesen habe, wollte ich unbedingt wissen, was es mit einem Teufel zu tun hat. Das Säugetier lebt auf Tasmanien, einer Insel vor Australien, und heißt eigentlich „Beutelteufel". Teuflische Hörner oder Ähnliches wird man allerdings vergeblich suchen. Dafür kann es ziemlich wild werden, wenn es gereizt wird. Dann stellt es sich fauchend und zähnefletschend seinem Angreifer entgegen. Seine Ohren werden rot und bilden einen leuchtenden Kontrast zu seinem schwarzen Fell. Daher hat das Tier wohl seinen wenig schmeichelhaften Beinamen bekommen.

Paschulke meint:
Bestimmt von seinen teuflisch spitzen Hörnern.

Warum kann die Fledermaus kopfüber hängen?

In einem alten Schuppen bin ich auf eine Fledermaus gestoßen. Sie hatte sich mit ihren Füßen an einen Ast gekrallt, die gefalteten Flügel eng angelegt und schlief mit dem Kopf nach unten. Für mich wäre das eine unbequeme Stellung, denn dann würde das ganze Blut in meinen Kopf fließen.

Die Fledermaus hat damit jedoch kein Problem, denn sie ist ziemlich klein. Die wenigen Zentimeter vom Kopf bis zum Herz sind ein so geringer Abstand, dass das Herz ganz leicht den Blutkreislauf in Bewegung halten kann. Außerdem verfügt die Fledermaus über einen ausgeklügelten Haltemechanismus. Sie rastet eine bestimmte Sehne ein und kann so ohne Kraftaufwand hängen. Wenn sie dann wieder wach wird, hebt sie ihren Kopf an und stößt für uns unhörbare Laute aus, um ihre Position zu bestimmen.

Warum können Fische so gut schwimmen?

Wenn ich sehe, wie schnell Fische durch ein Aquarium schwimmen, glaube ich kaum, dass ich bei einem Schwimmwettkampf eine Chance gegen sie hätte. Es gibt Fische, die sind so schnell wie ein Auto, das in der Stadt unterwegs ist. Manche sind sogar noch schneller.

Das liegt an ihren Flossen und vor allem an ihrem stromlinienförmigen Körperbau, der dem Wasser beim Schwimmen nur wenig Widerstand bietet. Außerdem haben Fische – im Gegensatz zu mir – Kiemen und können unter Wasser atmen. Übrigens sind nicht alle Fische stromlinienförmig gebaut und schnell. Seepferdchen zum Beispiel haben eine ganz untypische Form und bewegen sich daher sehr langsam fort.

Warum sind Hundenasen kalt und feucht?

Wenn ich zufällig mal an Keks' Nase fasse, ist sie immer kalt und feucht. Wie alle Hunde orientiert sich auch mein Hund in erster Linie mit Hilfe seiner Nase. Damit sie gut funktioniert, muss sie immer kalt und feucht sein. Die Feuchtigkeit sorgt nämlich dafür, dass die Nase schön sauber gehalten wird. Im Laufe der Zeit verdunstet die Feuchtigkeit. Und deshalb fühlt sich Keks' Nase kalt an.

Warum haben Hasen so große Ohren?

Mir ist aufgefallen, dass Herr Paschulkes Kaninchen nicht so lange Ohren hat wie ein Hase. Braucht es auch nicht, denn es lebt in freier Wildbahn geschützt in einem Bau. Hasen aber leben auf dem freien Feld und brauchen ihre langen Ohren, um zu überleben. Sie können nämlich nicht allzu gut sehen. Deshalb müssen sie sich auf ihr Gehör verlassen. Sie können übrigens ihre Ohren einzeln bewegen. Wenn sie glauben, etwas gehört zu haben, drehen sie ihr Ohr in die entsprechende Richtung und lauschen.

Hase oder Kaninchen? Die Ohren machen den Unterschied!

Warum stinken Stinktiere?

Als ein Freund von mir mal in Amerika war, hatte er eine unangenehme Begegnung mit Stinktieren. Das sind diese schwarz-weiß gestreiften Tiere mit dem buschigen Schwanz. Jedenfalls ist mein Freund einem von ihnen etwas zu nah gekommen, denn plötzlich hat es sich umgedreht, seinen langen Schwanz hochgehoben und mit den Vorderfüßen auf den Boden gestampft. Auf diese Weise drohen Stinktiere, wenn sie sich selbst bedroht fühlen.

Nun hätte sich mein Freund besser zurückgezogen. Doch es war schon zu spät. Das Stinktier schoss aus seinem Hinterteil eine eklig riechende Flüssigkeit auf ihn ab, die mitten auf seiner Hose landete. Die konnte er anschließend wegwerfen, denn den Geruch bekommt man auch mit Waschen nicht mehr heraus.

Halten Delfine beim Tauchen die Luft an?

Wenn ich im Sommer im Baggersee tauche, dann halte ich dabei die Luft an. Nach einer knappe Minute muss ich jedoch wieder auftauchen, um Luft zu holen. Ähnlich geht es auch den Delfinen. Sie sind keine Fische, sondern Säugetiere, und haben daher keine Kiemen, mit denen sie unter Wasser atmen können. Also müssen auch sie die Luft anhalten. Allerdings brauchen sie nicht so viel Sauerstoff wie ein Mensch und können daher bis zu einer Viertelstunde unter Wasser bleiben. Das würde ich nur mit Sauerstoffflasche schaffen.

Paschulke meint:
Wenn sie meine Angel sehen, bestimmt, denn ich bin bei allen Wassertieren gefürchtet.

Wie pflanzen sich Quallen fort?

Am Strand bin ich auf die glibbrigen Überreste einer Qualle getreten. Ich konnte mir kaum vorstellen, wie ein solches Tier, das fast nur aus Wasser besteht, Nachwuchs bekommen soll. Das ist auch eine äußerst spannende Geschichte, denn bei Quallen gibt es keine Männchen und Weibchen wie bei den meisten Tieren.

Jede Qualle kann Eier legen. Aber daraus schlüpfen nicht sofort kleine Quallenbabys. Die Eier entwickeln sich im Magenraum der Qualle. Schließlich schlüpfen daraus Larven: Die werden ausgestoßen und schwimmen frei im Wasser umher. Dann setzen sie sich am Meeresboden fest und reifen zu sogenannten Polypen heran. Die Polypen können wiederum kleine Quallenlarven abschnüren, die schließlich zu ihrer endgültigen Größe heranwachsen.

Warum bleibt eine Spinne in ihrem Netz nicht hängen?

Hinten im Garten hat eine Spinne zwischen zwei Ästen ein großes Netz gespannt. Darauf zappeln schon die ersten Opfer, die auf den klebrigen Fäden festsitzen. Mal abwarten, wenn jetzt gleich die Spinne kommt, um die Beute zu holen, müsste sie eigentlich auch festkleben. Tut sie aber nicht, denn sie bewegt sich auf der Unterseite ihres Netzes fort. Ein öliger Überzug an den Füßen und feine Borsten verhindern, dass sie festklebt. Einige Spinnenarten spinnen zwischen die klebenden auch nichtklebende Fäden und die kennen natürlich nur sie.

Haben Katzen wirklich sieben Leben?

Jedes Lebewesen hat nur ein Leben, warum sollten Katzen sieben Leben haben? Dennoch gibt es diese Redensart, und ich habe ein wenig nachgeforscht, woher sie kommt. Katzen überstehen zum Beispiel einen Sturz von einem Baum ohne jeden Kratzer. Das hat mit ihrem Körperbau zu tun und mit der Fähigkeit, stets auf den Füßen zu landen.

Im Mittelalter glaubten die Menschen deshalb, Katzen wären unsterblich, und fürchteten sich vor ihnen. Sie glaubten, Dämonen hätten von den Katzen Besitz ergriffen und würden ihnen sieben Leben geben. Denn die Sieben steht im christlichen Glauben für Vollkommenheit und Unendlichkeit oder eben Unsterblichkeit.

Was machen Regenwürmer im Winter?

Das ganze Jahr über stoße ich nach einem Regenguss regelmäßig auf Regenwürmer in meinem Garten. Im Winter aber scheinen sie plötzlich verschwunden zu sein. Sind sie etwa eingefroren? Nein, sie graben sich im Spätherbst tief in den Boden ein, dort, wo der Frost nicht hinkommt. An diesen Stellen bauen sie sich eine Art Wohnhöhle, in der sie sich eng zusammenrollen, damit ihre Körperoberfläche möglichst klein bleibt. In diesem starren Zustand können sie die Kälte überstehen. Allerdings verlieren sie in dieser Zeit auch die Hälfte ihres Gewichts. Wenn sie im Frühling merken, dass die Erde sich erwärmt, kommen sie wieder an die Oberfläche.

Paschulke meint:
Bestimmt frieren sie ein und tauen im Frühjahr wieder auf.

Wie kommt das Küken aus dem Ei?

Neulich habe ich beobachtet, wie ein Küken aus dem Ei geschlüpft ist. Dabei hat ihm niemand geholfen, das hat es ganz allein geschafft. Und wie? Mit seinem Eizahn. Aber der Reihe nach:

Nach etwa 14 Tagen ist das Küken ungefähr so groß wie das Ei und muss sich Platz verschaffen. Es durchsticht die dünne Haut unterhalb der Schale und legt Kopf und Schnabel in eine kleine Luftkammer. Wenn die Henne etwa 20 Tage gebrütet hat, hebt das Küken den Kopf und dreht ihn so, dass es mit einem besonderen Zahn, dem Eizahn an der Schnabelspitze, ein Loch in die Schale picken kann. Dann hackt es die Schale kreisförmig ein. Nach einigen Stunden stemmt es sich von innen gegen die Schale und hebt mit dem Kopf den Deckel ab.

Warum stehen Störche auf einem Bein?

Dieser kleine Storch steht übrigens gerade auf zwei Beinen. In diesem Karton hier hat er es schön warm. Das geht den Störchen sonst nicht so. Sie haben nämlich federlose Beine, die nicht vor Kälte geschützt sind. Daher frieren Störche schnell. Wenn sie nun ein Bein in ihr dichtes und gut geschütztes Bauchgefieder zurückziehen, bleibt es schön warm und sie verlieren kaum Körperwärme. Damit das so bleibt, wechseln sie von Zeit zu Zeit das Standbein.

Wozu braucht die Languste ihre Fühler?

Hast du auch schon einmal Langusten gesehen? In einem Aquarium oder im Zoo? Dann sind dir sicherlich ihre langen Fühler aufgefallen, die wie Antennen abstehen. Sie dienen den Langusten zur Orientierung. Allerdings setzen die Krebstiere sie auch ein, um Eindringlinge abzuwehren, denn sie haben nur relativ schwache Scheren. Durch ihren starken Panzer, der mit Dornen gespickt ist, sind sie jedoch gut gegen Feinde geschützt. Übrigens können Langusten nicht schwimmen, sondern bewegen sich kriechend vorwärts.

Haben Pinguine Ohren?

Bei den meisten Tieren im Zoo sehe ich zwei Ohren, doch bei den Pinguinen sieht man an dieser Stelle nichts – weder beim Schwimmen unter Wasser noch wenn sie an Land herumwatscheln. Meine Nachforschungen haben jedoch ergeben, dass alle Vögel Ohren haben, also auch die Pinguine. Allerdings haben sie keine Ohrmuscheln, sodass man ihre Ohren kaum sehen kann. Die Hörorgane sind recht empfindlich und werden beim Tauchen von kräftigen Federn verschlossen.

Paschulke meint:
Nee, die haben keine Ohren. Die können ja noch nicht mal richtig laufen.

Woher hat das Seepferdchen seinen Namen?

Als ich in einem Aquarium Seepferdchen gesehen habe, wusste ich sofort die Antwort auf diese Frage: Der Kopf des Tieres ähnelt dem eines Pferdes. Und mir ist etwas aufgefallen: Die zierlichen Seepferdchen stehen in aufrechter Körperhaltung im Wasser. Allerdings müssen die leichtgewichtigen Tiere aufpassen, dass sie nicht von der Strömung fortgetrieben werden. Aber da habe ich etwas beobachtet: Manchmal halten sie sich mit ihrem Schwanz an Wasserpflanzen fest.

Fritz-Fuchs-Tipp

Kaum zu glauben, aber bei den Seepferdchen bekommen die Männchen die Kinder. In ihrem Bauch haben sie eine Tasche, in der sie die Eier ausbrüten.

Sind Fische stumm?

Wenn ich früher etwas ausgefressen hatte und bei den Nachfragen meiner Eltern lieber den Mund hielt, dann hieß es immer: „Ja, ja, jetzt ist er stumm wie ein Fisch.“ Dabei sind Fische alles andere als stumm. Sie können sogar richtige Quasselstrippen sein. Jede Fischart gibt ihre ganz eigenen Laute von sich. So verständigen sich einige Arten mit Zähneknirschen oder Flossenreiben. Andere wiederum singen oder schreien. Übrigens sprechen Fische auch über ihren Darmausgang. Heringe beispielsweise pressen aus ihrer Schwimmblase (das ist das Organ, das dafür sorgt, dass Fische im Wasser schweben) Luft in den Darm und verständigen sich pupsend. Dabei erreichen sie einen solchen Tonumfang, dass mancher Opernsänger vor Neid erblassen würde.

Paschulke meint:
Natürlich, oder habt ihr schon mal unter Wasser geredet?

Was sind Heuler?

Bisher dachte ich ja immer, „Heuler" wäre ein anderer Name für junge Seehunde. Auf einer Seehundstation an der Nordseeküste habe ich dann erfahren, dass das nicht ganz richtig ist. Genau genommen ist ein Heuler nämlich nur ein Jungtier, das seine Mutter verloren hat, nicht mehr gesäugt wird und nun vor Hunger und Verlassenheit heult, um mit der Mutter wieder Kontakt aufzunehmen. Wenn du also auf einer Sandbank zufällig eine junge Robbe finden solltest, dann geh rasch weiter, denn so lange du in ihrer Nähe bist, traut sich seine Mutter nicht heran.

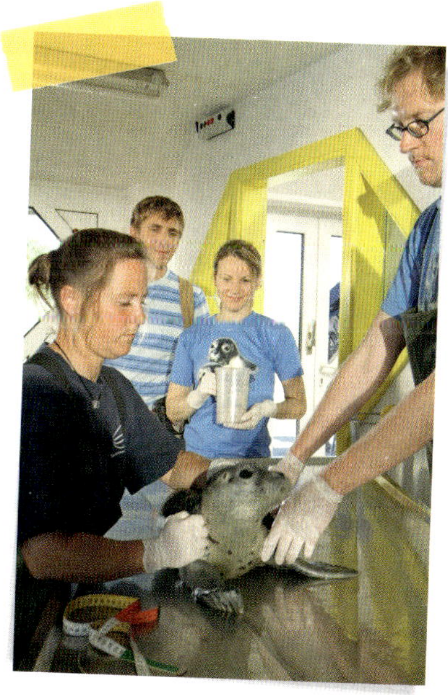

Mensch

Woher kommt der Muskelkater?

Das habe ich mich auch gefragt, als mir die Beine nach dem Joggen wehtaten. Einer Katze bin ich jedenfalls nicht begegnet, also kann sie nicht dafür verantwortlich sein. Ich habe ein wenig nachgeforscht und herausgefunden, dass die Schmerzen tatsächlich in den Muskeln sitzen. Also warum?

Manchmal weiß man gar nicht, was im eigenen Körper so vorgeht, oder? Also habe ich nachgeforscht und Spannendes herausgefunden. Und ich bin auf immer neue Fragen gestoßen:

Wie oft lügt ein Mensch?
Warum macht Gähnen schlau?
Wie lesen Blinde?

Auf den nächsten Seiten kannst du meine Antworten nachlesen. Und, hättest du sie auch gewusst?

Warum tut Lachen manchmal weh?

Manchmal muss ich so lange lachen, bis mir alles wehtut. Kein Wunder, denn Lachen ist für den Körper schwere Arbeit. Die ganze Atemmuskulatur, die Gesichtsmuskeln sowieso und auch Schultern, Oberkörper und Bauch sind mit von der Partie. Wenn wir lachen, bewegen wir insgesamt 17 Muskeln im Gesicht und bis zu 80 im ganzen Körper. Ein Muskel zwischen Ohr und Mundwinkel ist sogar speziell fürs Lachen da: der Lachmuskel!

Was ist der Trick des Bauchredners?

Im Zirkus ist ein Mann mit einer Puppe aufgetreten, die sich tatsächlich mit ihm unterhalten hat. Vom Band kam die Stimme bestimmt nicht. Und auch die Lippen des Mannes bewegten sich nicht, aus seinem Mund schien kein Laut zu kommen. Wo kam die Stimme also her?

Nach der Vorstellung hat mir der Bauchredner verraten, dass er eine spezielle Atemtechnik verwendet: Er verengt den Kehlkopfeingang, indem er den Gaumen zusammen- und die Zunge zurückzieht. Auf diese Weise bleibt sein Mund zu und seine Lippen bewegen sich nicht. Und es sieht so aus, als wäre es nicht er, der da spricht. Toller Trick!

Warum haben alle Menschen weiße Handflächen?

Unsere ersten Vorfahren lebten vor Millionen von Jahren in der Nähe des Äquators, wo die Sonneneinstrahlung sehr intensiv war. Ihre dichte Körperbehaarung war ein prima Sonnenschutz. Doch die dünnte mit der Zeit immer weiter aus. Jetzt sorgte die Natur dafür, dass dunkle Farbstoffe, sogenannte Pigmente, in die Haut der Menschen eingelagert wurden. Diese Pigmente schützten vor der Sonne. Trotzdem blieben manche Stellen am Körper hell. Warum? Weil sie der Sonne weniger ausgesetzt waren. So zum Beispiel die Handflächen, die beim Jagen und Arbeiten im Einsatz waren, um Gegenstände festzuhalten. Dadurch kam weniger Licht an sie heran. Das Gleiche gilt natürlich auch für die Fußflächen: Auf denen liefen die Menschen ja.

Und die Folgen dieser Entwicklung sind heute noch zu sehen: Bei allen Menschen, egal welche Hautfarbe sie auch haben, sind Handinnenflächen und Fußsohlen weiß.

Warum haben wir Rillen auf den Fingerkuppen?

Wenn du dir deine Fingerkuppen genau ansiehst, fallen dir bestimmt die Rillen darauf auf. Sie bilden ein Oval. Unter der Haut sitzen kleinste Zellen, die Reize wahrnehmen und an unser Nervensystem weiterleiten. Als Draht nach außen dienen diesen Zellen die Hautrillen. Mit ihnen können wir auch geringste Berührungen wahrnehmen. Außerdem helfen sie uns, rutschige Dinge wie zum Beispiel Gläser festzuhalten. Übrigens sitzen solche Rillen auch an den Zehen. Dank ihnen hast du auf nassen Kacheln guten Halt.

Fritz-Fuchs-Tipp

Streiche mit der Kuppe des Zeigefingers ganz sanft (nicht drücken!) über einen Tisch. Dann merkst du, wie du geringste Berührungen dank der Hautrillen wahrnimmst.

Warum knistern Haare beim Kämmen?

Als ich mal wieder Keks' Fell gekämmt habe, war plötzlich ein merkwürdiges Knistern zu hören. Das hat mich neugierig gemacht. Ich habe herausgefunden, dass in den Haaren unzählige winzig kleine Materieteilchen sitzen, die sogenannten Elektronen. Sie sind entweder negativ oder positiv geladen. Beim Kämmen wandern die negativen Teilchen zum Kamm, während die positiv geladenen in den Haaren bleiben. Der negativ aufgeladene Kamm zieht die positiven Teilchen in den Haaren an. In der Folge knistert es.

Auch bei Keks knistert es beim Kämmen.

Warum bekommt man eine Gänsehaut?

Als ich neulich nur im T-Shirt vor meinem Bauwagen saß, bekam ich plötzlich eine Gänsehaut. Dafür sorgen miniaturartige Muskeln, die in der oberen Hautschicht am Ende der Haarwurzeln sitzen. Wenn es kalt wird, ziehen sie sich zusammen und dann sträuben sich die Haare. So können sie das bisschen warme Luft länger festhalten.

Als ich meine Jacke von drinnen holen wollte, habe ich ein Geräusch gehört und bin erschrocken. Und da war sie schon wieder, die Gänsehaut. Aber warum? Mir war nicht kalt. Eher stand mir der Schweiß auf der Stirn. Vermutlich ist die Gänsehaut ein Überbleibsel aus einer Zeit, als wir Menschen noch sehr viele Haare auf dem Körper hatten. Und wenn die sich plötzlich alle aufstellten, wirkte man in gefährlichen Situationen größer und damit auch bedrohlicher.

Waren die Menschen früher größer oder kleiner?

Ich habe gelesen, dass die Menschen früher kleiner waren und erst im Laufe von vielen Tausend Jahren immer größer geworden sind. Das kann zum Beispiel daran liegen, was die Menschen gegessen haben. Vor ein paar Hundert Jahren kannte man bei uns noch keine Kartoffeln. Fleisch konnten sich nur die Reichen leisten und wenn eine Naturkatastrophe die Ernte zerstörte, wurde die Nahrung knapp. Also hatte der Körper oft nicht genügend Kraft, um noch größer zu werden.

So einen großen Mann wie Dirk Nowitzki hätte es früher also nicht gegeben, aber da kannte ja auch noch niemand Basketball.

Paschulke meint:
Wenn sie ordentlich gegessen haben wie ich, waren sie sicher so groß wie heute.

Woher hat der Blinddarm seinen Namen?

Da musste ich ein bisschen forschen, aber ich habe es herausgefunden: Blind ist der Blinddarm natürlich nicht. Vielmehr mündet er nirgendwo hinein, endet also an einer Seite blind. Und diesem Umstand verdankt er seinen Namen. Der Blinddarm ist etwa so lang wie ein Daumen und gehört zu den Verdauungsorganen. Er entzieht zum Beispiel dem Speisebrei Wasser und Salz.

Am Blinddarm sitzt noch ein kleines Anhängsel, das wie ein wurmartiger Schlauch aussieht. Dieser Wurmfortsatz gehört zum Immunsystem und ist für die Abwehr bestimmter Krankheitserreger zuständig. Manchmal jedoch kann er sich entzünden und muss dann entfernt werden. Das ist nicht schlimm, denn das Immunsystem kommt auch ohne diesen Wurmfortsatz aus.

Warum gibt es verschiedene Hautfarben?

Zwar habe ich eine helle Hautfarbe, doch bei uns leben auch Menschen, die eine viel dunklere Haut haben. Warum ist das so? Ich habe herausgefunden, dass das etwas mit Farbstoffen zu tun hat, die in die Haut eingelagert werden. Diese Farbstoffe heißen Pigmente und sind ein praktischer Sonnenschutz, weil sie verhindern, dass Sonnenlicht in die Haut eindringen kann und es zum Beispiel zu Verbrennungen kommt.

Sind Menschen ständig der Sonne ausgesetzt, haben sie von Natur aus eine dunklere Haut. Je nachdem wie stark die ständige Sonneneinstrahlung also ist, gibt es auch unterschiedliche Hautfärbungen. Übrigens solltest du dich trotz der schützenden Pigmente sicherheitshalber immer eincremen, bevor du in die Sonne gehst!

Warum bekommt man Druck auf den Ohren?

Meinen letzten Urlaub habe ich im Gebirge verbracht. Beim Wandern hatte ich plötzlich einen unangenehmen Druck auf den Ohren. Kannst du dir denken, warum? In unseren Ohren befindet sich Luft. Der Luftdruck im Ohr ist normalerweise genauso groß wie der Luftdruck draußen. Auf einem Berg jedoch herrscht ein geringerer Luftdruck als im Tal. Der Luftdruck im Ohr ist aber immer noch genauso groß. Der Körper versucht diesen Unterschied auszugleichen: Die Luft in den Ohren will nach draußen und übt Druck aus. Ein paar Mal Gähnen hilft meist. Ein Kopfhörer übrigens nicht!

Wie oft lügt ein Mensch am Tag?

Mal angenommen, du wirst gefragt, ob du manchmal lügst, und du antwortest darauf mit Nein, dann wäre das eine Lüge. Denn Wissenschaftler haben herausgefunden, dass wir es häufig bis zu 200 Mal am Tag mit der Wahrheit nicht so genau nehmen – bewusst oder unbewusst. Dabei lügen Männer häufiger als Frauen.

Ein Kind lügt vermutlich im Alter zwischen drei und fünf Jahren zum ersten Mal. Dann merkt es, dass es mit falschen Aussagen unter Umständen besser fährt als mit der Wahrheit und so vielleicht schneller das bekommt, was es will. Übrigens belügen sich Lügner meistens zuerst selbst, denn sie stellen sich Dinge so vor, wie sie sie gerne hätten. Wenn sie dann davon erzählen, tun sie so, als sei es die Wahrheit.

Wie entsteht ein Schluckauf?

So ein Schluckauf kann ziemlich hartnäckig sein. Er entsteht im Zwerchfell, das zwischen Brustkorb und Bauchraum sitzt. Das Zwerchfell zieht sich in regelmäßigen Abständen zusammen und erweitert dadurch den Brustraum, sodass Luft einströmen kann. Die wandert an der Stimmritze im Kehlkopf vorbei durch die Luftröhre Richtung Zwerchfell. Manchmal jedoch – zum Beispiel bei zu schnellem Trinken – zieht sich das Zwerchfell krampfartig zusammen. Nun schießt viel Luft in den Brustraum. Das aber geht der Stimmritze zu schnell und sie schließt sich blitzartig. Die Luft prallt gegen die verschlossene Stimmritze und es entsteht der „Hicks“.

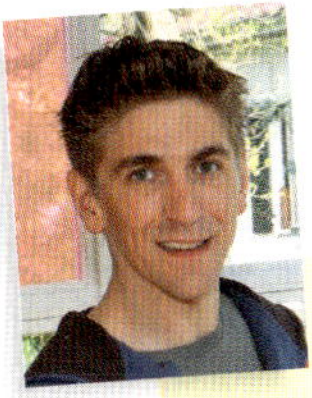

Fritz-Fuchs-Tipp

Wenn du mal wieder Schluckauf hast, dann versuch es mit Luftanhalten. Oder trink vorsichtig kleine Schlucke Wasser.

Warum juckt ein Mückenstich?

Autsch, jetzt hat mich eine Mücke erwischt. Gleich bildet sich eine kleine Beule, die zu allem Überfluss auch noch heftig juckt. Da hilft nur Salbe. Wenn uns eine Mücke sticht, spuckt sie in die Wunde, damit das Blut schön flüssig bleibt und nicht gerinnt. Unser Körper reagiert auf die „Mückenspucke“, und es fängt an zu jucken.

Übrigens stechen nur Mückenweibchen, denn sie brauchen das Blut, um Eier legen zu können. Die Mückenmännchen ernähren sich weitaus schonender für uns: Sie schlürfen Blütennektar.

Ob Suse mich verarzten kann?

Was sind Inuit?

Neulich habe ich eine Reportage über Menschen gesehen, die im Norden in der Arktis leben. Sie selbst nennen sich „Inuit“, was nichts anderes bedeutet als „Menschen“. Früher wurden sie häufig als „Eskimos“ bezeichnet. Dieses Wort war jedoch ursprünglich ein Schimpfwort und bedeutet übersetzt „Rohfleischfresser“. Es geht zurück auf eine Zeit, als die Inuit noch in Iglus wohnten und von der Jagd lebten. Allerdings gab es in Schnee und Eis kaum Brennmaterial, also aßen sie das Fleisch roh oder trockneten es. Übrigens gingen sie sehr sorgsam mit ihrer Umwelt um. Sie erlegten immer nur so viele Tiere, wie sie auf einmal essen konnten.

Heute leben Inuit nicht viel anders als wir. Sie haben Computer und Autos, kaufen ihr Fleisch beim Metzger und wohnen in festen Häusern. Der einzige Unterschied: Bei ihnen ist es viel, viel kälter und die Wege sind viel weiter.

Wie entsteht Spucke?

Hmm, lecker– der Geruch von gegrillten Würstchen weht vom Nachbargrundstück herüber und lässt mir das Wasser im Mund zusammenlaufen. Dafür sorgen die Speicheldrüsen, denn sie haben die Nachricht bekommen, dass es bald etwas zu essen gibt. Schon beginnen sie, Speichel zu produzieren. Die Speicheldrüsen sitzen vor den Ohren und unter dem Kiefer und wandeln dort Blut in Spucke um. Da trifft es sich gut, dass Blut größtenteils aus Wasser besteht und nur noch ein paar Stoffe wie Mineralien und Enzyme hinzugefügt werden müssen.

Die Spucke hat viele Aufgaben: Sie feuchtet zum Beispiel das Essen an, damit wir es schlucken können, sie sorgt dafür, dass die Verdauung schon im Mund beginnt und das Essen in kleinere Teile zerlegt wird. Jetzt hoffe ich nur, dass mir Herr Paschulke ein Würstchen abgibt, sonst haben meine Speicheldrüsen ganz umsonst gearbeitet.

Wieso muss man nach dem Tauchen langsam aufsteigen?

Tauchen ist eine tolle Sache. Doch aufgepasst! Dort unten wirkt ein sehr viel stärkerer Druck, der die Lunge und die Atemluft zusammenpresst. Wenn es ans Auftauchen geht, ist besondere Vorsicht geboten: Wenn ein Taucher sich der Wasseroberfläche nähert, dehnt sich die zusammengepresste Atemluft wieder aus. Doch das darf nicht zu schnell geschehen. Sonst wäre der Körper überfordert. Daher lernen Taucher genau, wie lang die Pausen beim Auftauchen sein müssen.

Bereit zum Aufsteigen!

Ist Fieber eine Krankheit?

Wenn du mit Fieber im Bett liegst, bist du krank, obwohl Fieber gar keine Krankheit ist. Klingt kompliziert, ist es aber nicht. Fieber bedeutet nichts anderes, als dass schädliche Krankheitserreger in unseren Körper eingedrungen sind und er sie nun bekämpft. Dazu gibt das Gehirn verschiedene Befehle gleichzeitig: Die Schweißdrüsen schließen sich, und die Blutgefäße, die nahe der Körperoberfläche liegen, ziehen sich zusammen. Das alles führt dazu, dass die Körpertemperatur auf über 37 Grad steigt und durch die so entstehende Hitze viele Bakterienarten abgetötet werden. Fieber kann also durchaus etwas Gutes sein, auch wenn du im Bett liegen musst.

Paschulke meint:
Was weiß ich? Im Garten gibt es soviel zu tun, da kann ich mir keine Krankheit leisten.

Wie viele Haare hat ein Mensch auf dem Kopf?

Diese Frage lässt sich nur ungefähr beantworten, denn Blonde haben mehr Haare auf dem Kopf als Dunkelhaarige. Wenn also Suse und Yasemin ihre Haare zählen würden, wäre Yasemin früher fertig. Sie hat nämlich nur rund 100 000 Haare auf dem Kopf, während Suse bis etwa 140 000 zählen müsste – vielleicht ein paar Tausend weniger, denn sie ist ja nicht strohblond. Die wenigsten Haare haben übrigens Rothaarige, etwa 90 000. Egal, welche Farbe deine Haare haben, jeden Tag gehen etwa 100 Stück verloren, die aber wieder nachwachsen.

Was passiert beim Schlafwandeln?

Neulich nachts habe ich Herrn Paschulke doch tatsächlich im Schlafanzug durch den Garten gehen sehen. Er ist geschlafwandelt. Und wie kam das? Wenn wir schlafen, liegen wir normalerweise ruhig und mit geschlossenen Augen da und träumen. Es gibt jedoch auch Menschen, die manchmal beim Träumen aufstehen, herumlaufen oder laut mit einer Traumfigur sprechen. Gleichzeitig schlafen sie aber weiter. Wenn sie aufwachen, können sie sich – wie Herr Paschulke – nicht mehr daran erinnern.

Herr Paschulke verbringt nicht jede Nacht friedlich im Bett.

Warum macht Gähnen schlau?

Beim Gähnen machen wir manchmal ein ziemlich dummes Gesicht. Eigentlich sollten wir dabei ganz anders aussehen, denn Gähnen macht schlau. Während wir gähnen, schlägt unser Herz schneller und pumpt mehr Blut ins Gehirn. So kann das Gehirn besser arbeiten. Gleichzeitig kühlt die frische Luft, die man beim Gähnen tief einsaugt, das Blut auf seinem Weg ins Gehirn durch die vielen kleinen Adern in Rachen und Nase ab. Unser Gehirn wird frisch gelüftet – wie durch eine biologische Klimaanlage!

Es wird übrigens häufig erzählt, dass man gähnt, weil der Körper Sauerstoff braucht. Doch Forscher haben herausgefunden, dass das nicht stimmen kann: Menschen mit viel Sauerstoff im Blut gähnen nämlich ebenso häufig wie Menschen, denen Sauerstoff fehlt.

Warum brennen Tränen nicht wie Salzwasser?

Bestimmt hast du schon mal geweint und dabei vermutlich festgestellt, dass deine Tränen salzig schmecken. Glücklicherweise brennen die Tränen aber nicht in den Augen, wie zum Beispiel Salzwasser aus dem Meer. Das liegt daran, dass Tränen einen sehr viel geringeren Salzgehalt haben als Meerwasser. In Tränen ist nur so viel Salz aufgelöst wie auch im Schweiß oder in anderen Körperflüssigkeiten. Meerwasser hingegen ist so salzig, dass es für uns ungenießbar ist und in den Augen brennt.

Tränen werden übrigens von speziellen Drüsen, den Tränendrüsen produziert. Die Tränenflüssigkeit sorgt dafür, dass das Auge nicht austrocknet.

Wie lesen Blinde?

Im ersten Moment kannst du dir wahrscheinlich kaum vorstellen, dass blinde Menschen lesen können, schließlich sehen sie doch nichts. Richtig, aber das brauchen sie auch nicht, denn sie lesen mit den Fingern. Und das geht so: Die Buchstaben der Blindenschrift bestehen aus kleinen Erhebungen, die in das Papier gepresst werden. Jedes Zeichen ist aus sechs Punkten zusammengesetzt. Je nachdem, welche Punkte hervorgehoben sind und welche nicht, ergibt sich ein bestimmter Buchstabe oder eine bestimmte Zahl.

Fritz-Fuchs-Tipp

Lass dir die Augen verbinden, sodass du nichts mehr siehst. Dann versuche, verschiedene Gegenstände zu ertasten und herauszufinden, um was es sich handelt.

Was ist die Seele?

Eine schwierige Frage, denn die Seele ist nichts, was du sehen kannst. Daher unterscheidet sich die Vorstellung von der Seele in den verschiedenen Kulturen und Religionen voneinander. Wir verstehen unter Seele oft den Geist, den Willen und das Gemüt und stellen uns vor, die Seele würde sich im Kopf oder im Herzen des Menschen befinden. In der christlichen Religionslehre ist die Seele von Gott geschaffen und unsterblich. Sie verleiht jedem Menschen etwas Unverwechselbares, das ihn von allen anderen Menschen unterscheidet. Es gibt auch Religionen, die nicht nur eine, sondern gleich mehrere Seelen kennen.

Woher kommt der Muskelkater?

Gestern bin ich mal wieder eine große Runde gejoggt. Heute allerdings wäre ich beinahe nicht aus dem Bett gekommen: Ich hatte Muskelkater! Der entsteht, wenn wir unseren Körper übermäßig beanspruchen. Dann können sich leichte Risse in den Muskelfasern und in den zugehörigen Blutgefäßen bilden. Diese führen zu Schwellungen und schon tun einem die Glieder weh und man kann sich nur eingeschränkt bewegen. Die Muskeln sind dick und daher nicht so dehnbar wie sonst. Daher verbringe ich den heutigen Tag lieber in der Hängematte.

Warum bekommen Frauen keinen Bart?

Wenn ich morgens vor dem Spiegel stehe und mich rasiere, denke ich manchmal, dass es die Frauen viel besser haben, denn ihnen wächst kein Bart. Ihnen fehlen die dafür erforderlichen Hormone. Das sind Stoffe, die in den Körperdrüsen gebildet werden und dem Körper wichtige Informationen geben, zum Beispiel, dass Barthaare wachsen sollen. Hormone werden vom Blut dorthin geschickt, wo sie wirken sollen. Im Falle des Bartwuchses also zu Kinn, Wangen und Oberlippe.

Natürlich gibt es auch eine Menge Hormone, die Frauen haben, die aber den Männern fehlen: So wachsen den Mädchen irgendwann Brüste, während Männer lediglich kleine Brustwarzen haben.

Warum haben wir Durst?

Heute ist es mal wieder besonders heiß. Und ich kann gar nicht genug trinken. Warum das so ist? Da habe ich mal bei Herrn Soda von den Bärstädter Quellen nachgefragt. Der Körper verliert durch Schwitzen, Atmen und den Urin ständig Wasser. Und da der Körper zum größten Teil aus Wasser besteht, muss er sozusagen wieder aufgefüllt werden. Die verlorene Flüssigkeit bekommt er durch Trinken und Essen wieder. Pro Tag brauchst du etwa zwei Liter. Wenn es richtig heiß ist,sogar noch mehr.

Herr Soda kennt sich aus mit Durst.

Bekommen auch Erwachsene Kinderkrankheiten ?

Ein paar Kinder aus der Nachbarschaft leiden unter Mumps. Ihr Gesicht ist angeschwollen und ihnen tut das Kauen und Schlucken weh. Ich habe auch Mumps gehabt, eine typische Kinderkrankheit, wie der Arzt meint. Zu diesen Erkrankungen, die vor allem durch Husten oder Niesen (sogenannte Tröpfcheninfektion) übertragen werden, gehören auch Röteln, Scharlach, Windpocken und Keuchhusten. Habe ich alles gehabt, bis auf Windpocken. Nun bin ich längst kein Kind mehr und werde davon wohl verschont bleiben. „Pustekuchen", sagt mein Arzt. Auch Erwachsene können solche Kinderkrankheiten bekommen – wenn sie sie nicht schon als Kind gehabt und einen Schutz gegen sie aufgebaut haben.

Paschulke meint:
Quatsch, warum heißen sie denn wohl Kinderkrankheiten?

Wozu brauchen wir Wimpern?

Als ich mich neulich beim Zähneputzen mal genauer im Spiegel angesehen habe, ging mir die Frage durch den Kopf, wozu meine Wimpern eigentlich gut sind. Klar, erst einmal sähen wir ziemlich komisch ohne sie aus. Sie können aber noch viel mehr.

Ich habe nämlich gelesen, dass uns ohne Wimpern ein Schutz für unsere Augen fehlen würde. Denn die feinen Härchen sorgen dafür, dass Staub, Schweiß und Fremdkörper wie zum Beispiel herumfliegende Insekten nicht in unsere Augen gelangen. Sie bleiben in den Wimpern wie in einem Netz hängen. Das wurde auch mir klar. Als nämlich ein paar Wassertropfen nach oben spritzten, haben meine Wimpern sie prima abgefangen.

Kultur

Wofür braucht man Seemannsgarn?

Bevor du lange nachdenkst, kann ich dir schon mal verraten, dass man es nicht zum Nähen braucht. Bei meinen Nachforschungen bin ich im Hafen gelandet und habe erfahren, dass dieses Garn tatsächlich auf hoher See gesponnen wurde. Und ich habe herausgefunden, dass Seemannsgarn etwas mit Erzählkünsten zu tun hat.

Neben dem Seemannsgarn standen noch viele andere interessante Fragen rund um die Kultur auf meiner Forscherliste:

Gibt es Vampire wirklich?
Woher kommen die Gartenzwerge?
Warum gibt es freitags oft Fisch?

Grübeln brauchst du jetzt nicht, um die Antworten herauszubekommen. Mach es dir leicht und blättere um. Dort findest du, was du wissen möchtest.

Was steckt hinter dem Aprilscherz?

Letztens habe ich Herrn Paschulke in den April geschickt. Ich habe ihm ein paar Spaghetti vorbeigebracht und gesagt, die hätte ich von meinem neuen Spaghettistrauch geerntet. Kurze Zeit später ist er doch tatsächlich in die Gärtnerei gefahren und wollte so ein Gewächs kaufen. Kaum zu glauben! Es ist eine schöne Tradition, anderen Menschen am 1. April einen Streich zu spielen. Der Überlieferung zufolge fuhr der Teufel am 1. April in die Hölle, daher muss man sich an diesem Tag besonders vor dem Bösen hüten und gut hinhören, damit man nicht „in den April geschickt wird“.

Herr Paschulke staunt über den Spaghettistrauch.

Wie kamen die Indianer zu ihren Pferden?

Winnetou ohne sein Pferd Iltschi ist genauso unvorstellbar wie andere Indianer ohne Pferde. Doch die Indianer, die Ureinwohner Amerikas, hatten viele Jahrtausende überhaupt keine Pferde. Die Tiere waren dort schon vor etwa 20 000 Jahren ausgestorben. Als die Spanier dann vor etwa 500 Jahren Teile Amerikas eroberten, brachten sie ihre Pferde mit, die in den Prärien Nordamerikas Herden bildeten.

Für die Indianer wurden Pferde bald zu den wichtigsten Tieren neben den Bisons, von denen sie sich ernährten. Sie fingen die Pferde ein, um sie nach Art der Weißen zum Reiten abzurichten. Und schon bald waren die Indianer als geschickte Reiter und erfolgreiche Pferdezüchter weithin bekannt.

Gibt es Vampire wirklich?

Wenn ich manchmal abends eine Fledermaus durch den Garten huschen sehe, muss ich unwillkürlich an Vampire denken. Als Kind habe ich immer Gänsehaut bekommen, wenn in Geschichten diese merkwürdigen Wesen auftauchten, die Menschen das Blut aussaugen. Irgendwann war mir dann klar, dass solche Vampire in der Wirklichkeit nicht existieren. Im Tierreich aber gibt es tatsächlich Lebewesen, die den Blutsaugern sehr ähnlich sind und die daher auch so heißen: Vampirfledermäuse. Doch keine Angst, diese Flattertiere leben in Südamerika, haben also nichts mit heimischen Fledermäusen zu tun. Und richtig weh tun sie ihren Opfern auch nicht, denn sie saugen nur ein paar Tröpfchen Blut. Dabei aber können sie gefährliche Krankheiten übertragen.

Paschulke meint:
In meinem Garten habe ich noch keine gesehen.

Wer erfand die Jeans?

Meine Jeans sind nicht nur bequem, sondern sie halten auch eine ganze Menge aus. Und genau das wollte ihr Erfinder, ein gewisser Löb Strauss.

Vor mehr als 160 Jahren wanderte er von Deutschland in die USA aus. Als er hörte, dass man in Kalifornien Gold gefunden hatte, zog er nach San Francisco, aber nicht, um nach Gold zu suchen, sondern um Bekleidung an die Goldsucher zu verkaufen. Für sie nähte er ganz besonders strapazierfähige Hosen aus festem Baumwollstoff. Die Hosentaschen besetzte er mit Nieten, damit sie nicht so schnell ausrissen. Und schon waren die Jeans „geboren“, die inzwischen längst nicht mehr nur zum Arbeiten getragen werden.

Was sind Aliens?

Das englische Wort für „Außerirdische“ ist „Aliens“. Außer im Fernsehen habe ich bislang allerdings noch keine gesehen. Bis heute wissen wir nicht, ob es vielleicht in irgendeinem Winkel des Universums weiteres intelligentes Leben gibt. Wir können es nur vermuten. Einige Wissenschaftler glauben jedoch fest daran und versuchen mit den unterschiedlichsten Methoden, mit diesen Wesen in Kontakt zu treten. Bislang allerdings ohne Erfolg. Daher ist das Einzige, was wir mit einigermaßen großer Sicherheit von Außerirdischen sagen können, dass es sie in unserem Sonnensystem nicht gibt.

Wofür braucht man Seemannsgarn?

Manchmal kommen mir Geschichten zu Ohren, da denke ich mir: „Da spinnt jemand ganz schön Seemannsgarn." Damit meine ich, dass er kräftig flunkert. Ein Kapitän hat mir erzählt, dass die Redensart mit dem Seemannsgarn tatsächlich auf hoher See entstanden ist. Wenn nicht genügend Wind zum Segeln herrschte, mussten die Matrosen aus Garn Taue drehen. Da diese Arbeit alles andere als spannend war, erzählten sie sich dabei die unglaublichsten Geschichten, die sie mit viel Fantasie ausschmückten und sich so immer weiter von der Wirklichkeit entfernten.

Warum fährt man in England links?

Wer schon einmal in England war, weiß, dass der Straßenverkehr dort ziemlich verwirrend ist. Die Autos fahren dort links, und wenn man über die Straße geht, muss man – anders als bei uns – erst nach rechts und dann nach links schauen. Der Linksverkehr ist allerdings keine Erfindung der Engländer, sondern stammt aus einer Zeit, als noch keine Autos, sondern Pferde unterwegs waren. Wer links ritt, hatte den rechten Arm frei, um bei drohender Gefahr schnell nach dem Schwert greifen zu können. Den Rechtsverkehr erfand der französische Kaiser Napoleon Bonaparte, der seine Soldaten auf der rechten Straßenseite marschieren ließ, um die Gegner zu verwirren. In vielen Ländern, die er eroberte, herrscht seitdem Rechtsverkehr.

Paschulke meint:
Vielleicht, weil alle Engländer Linkshänder sind?

Wer baute den Limes?

Bestimmt hast du schon einmal von der Chinesischen Mauer gehört. Sie ist weit über 8000 Kilometer lang und damit die längste Grenzbefestigung der Welt. Aber wusstest du, dass auch durch Deutschland eine sehr lange Grenze aus Holz und Steinen verläuft? Sie heißt Limes (lateinisch für Grenze), ist knapp 550 Kilometer lang und wurde vor fast 2000 Jahren von den Römern errichtet, die damit ihr Reich vor den Germanen schützen wollten.

Zunächst stellten sie Wachtürme aus Holz auf, die in Sichtweite zueinander standen. Später bauten sie einen mannshohen Holzzaun, der zusätzlich durch Wälle und Gräben gesichert wurde. Schließlich ersetzte man diese Grenzanlagen an vielen Stellen durch eine zweieinhalb bis drei Meter hohe Steinmauer. Du kannst die Spuren des Limes übrigens heute noch an zahlreichen Stellen im südlichen Deutschland ausfindig machen.

Wie kam Micky Maus zu ihrem Namen?

Ab und zu lese ich gerne Comics. Die Geschichten von Micky Maus gefallen mir besonders gut. Fast jedoch hätte die Maus mit den großen Ohren einen anderen Namen bekommen. Wusstest du das?

Ihr Erfinder Walt Disney und sein Zeichner Ub Iwerks grübelten vor über 80 Jahren lange über dem richtigen Namen und entschieden sich für Mortimer. Dieser Name jedoch gefiel Disneys Frau Lillian überhaupt nicht, und sie schlug stattdessen „Mickey" (die englische Schreibweise von „Micky") vor. Ihr Mann war einverstanden, und die Maus konnte getauft werden. Ihren ersten Auftritt hatte Micky übrigens nicht in einem Comicheft, sondern 1928 in einem Zeichentrickfilm.

Seit wann schreiben Menschen Tagebücher?

Schreibst du auch Tagebuch? Hältst du fest, was du erlebt hast oder worüber du dir Gedanken machst? Vor ungefähr 700 Jahren haben die Menschen begonnen, die ersten Tagebücher zu schreiben und darin ganz persönliche Erlebnisse festzuhalten. Zu dieser Zeit wurde übrigens auch das Papier immer bekannter. Das war erschwinglicher als das bis dahin gebräuchliche Pergament. Aus diesen ersten Tagebüchern wissen wir heute vieles vom Leben damals. Praktisch!

Warum gibt es freitags oft Fisch?

Schon vor vielen Hundert Jahren bestimmte die Kirche, dass man am Freitag auf Fleisch aller Art verzichten solle, um so Jesu zu gedenken, der an einem Freitag am Kreuz gestorben war. Viele Jahrhunderte lang gab es daher freitags kein tierisches Fleisch, also auch keinen Fisch. Doch die Mönche des Mittelalters empfanden dieses Verbot als zu streng, denn sie aßen nur allzu gern. Daher überlegten sie, wie sie denn das Fleischverbot umgehen könnten. Kurzerhand legten sie fest, dass die Bezeichnung Fleisch nur auf Tiere zuträfe, die an Land lebten. Deshalb sei Fisch kein Fleisch und man dürfe ihn essen.

Fritz-Fuchs-Tipp

Übrigens aßen die Mönche auch das Fleisch von Bibern, denn die verbrachten die meiste Zeit im Wasser und gehörten damit für sie auch zu den Fischen.

Wer war die Sphinx?

In meinem Buch über die Pyramiden in Ägypten ist eine riesige Steinfigur zu sehen, die einen Löwen mit Menschenkopf darstellt, eine Sphinx. Sie ist mehr als 4500 Jahre alt. In dem Buch steht, dass die Ägypter sie häufig als steinerne Wächter vor Grabstätten verwendeten.

Die Sphinx galt nämlich als Zeichen für den Tod. Sie steht aber auch für Herrschaft und königliche Macht. Dafür spricht, dass die bekannteste Sphinx, die Sphinx von Gisch in der Nähe der berühmten Cheopspyramide, vermutlich den Kopf eines verstorbenen Herrschers trägt und sich direkt neben ihr ein Tempel befindet. So richtig geklärt ist das allerdings bis heute nicht. Es scheint, als hätten die alten Ägypter so manches Geheimnis mit ins Grab genommen.

Wer erfand das Speiseeis?

Eis am Stiel? Lecker. Eis im Hörnchen von der Eisdiele im Ort? Auch lecker. Im Sommer gibt es kaum etwas Schöneres, als ein Eis zu schlecken. Ehrlich gesagt, tue ich das zu fast allen anderen Jahreszeiten auch gerne. Bei uns wird das Eiscafé von einem Italiener betrieben. Als ich ihn einmal gefragt habe, welcher seiner Vorfahren denn der Erfinder des Speiseeises war, hat er erst geschwiegen und mich dann beiseite genommen. Leise sagte er: „Das Speiseeis wurde gar nicht in Italien erfunden.“

Erst wollte ich es nicht glauben, aber der Mann hat recht. Das erste Speiseeis stellten vor etwa 4000 Jahren die Chinesen her. Als Grundstoff verwendeten sie Schnee. Der italienische Händler Marco Polo, der vor etwa 700 Jahren nach China reiste, brachte das Speiseeisrezept mit nach Europa.

Was haben Schlangen mit Apotheken zu tun?

Die Apotheke in Bärstadt führt, wie alle anderen Apotheken auch, in ihrem Zeichen eine Schlange, denn dieses Tier ist schon seit langer Zeit ein Symbol für die Medizin. Das liegt in erster Linie daran, dass früher Schlangenfleisch als Medikament gegen verschiedenste Krankheiten benutzt wurde: Es sollte gegen Zahnweh und Bauchschmerzen ebenso helfen wie gegen Fieber oder Augenkrankheiten. Noch vor 200 Jahren konnte man in der Apotheke übrigens nicht nur Medizin aus Schlangen, sondern sogar ganze Schlangen kaufen!

Wie kam ein Ritter aufs Pferd?

Neulich in einem Museum durfte ich in eine echte Ritterrüstung steigen. Ich bin ziemlich ins Schwitzen gekommen und konnte mich kaum darin bewegen. So ist es den Rittern früher wohl auch gegangen. Wenn sie aufs Pferd wollten, mussten sie sich helfen lassen, denn die Rüstung wog bis zu 50 Kilogramm. Es gab zum Beispiel kleine Treppchen, die sie zum Aufsitzen hinaufgestiegen sind. Manche von ihnen konnten sogar nur mit einem Kran hochgehievt werden. Da habe ich es ohne Rüstung zum Glück einfacher, in den Sattel zu kommen!

Warum entstanden Litfaßsäulen?

Mitten in Bärstadt steht eine Litfaßsäule. Daran kleben zum Beispiel die neuesten Filmplakate oder ein Zirkus macht dort Reklame für sich. Und natürlich werben Hersteller für die verschiedensten Produkte. Die Idee, diese runden Säulen auf die Bürgersteige zu stellen, hatte der Berliner Drucker Ernst Litfaß Mitte des vorletzten Jahrhunderts. Damals klebten überall Plakate an den Hauswänden. Mit seinen Säulen wollte Litfaß für etwas mehr Ordnung sorgen. Und er witterte ein Geschäft, denn die Werbeflächen ließen sich prima vermieten. 1854 stellte er in Berlin die ersten Säulen auf, allerdings unter der Bedingung, dass öffentliche Bekanntmachungen unentgeltlich anzukleben sind.

Wie viele Weltwunder gibt es?

Im Museum habe ich nachgeforscht, was eigentlich Weltwunder sind: Vor ein paar Tausend Jahren gab es sieben Bauwerke, die die Menschen so fasziniert haben, dass sie als Weltwunder galten. Leider können wir uns heute kaum noch ein Bild von diesen Weltwundern machen, denn lediglich die Pyramiden von Giseh in Ägypten sind noch erhalten. Die anderen Weltwunder, die im Laufe der Zeit verfielen, waren ein riesiger Tempel (Artemistempel von Ephesos), ein Königsgrabmal (Mausoleum von Halikarnassos), eine gewaltige Steinfigur (Koloss von Rhodos), der Leuchtturm von Pharos, die Zeusstatue von Olympia aus Gold und Elfenbein und die hängenden Gärten in Babylon, errichtet auf einem großen Tempel.

Paschulke meint:
Meine außergewöhnliche Gartenzwerg-Sammlung gehört jedenfalls dazu.

Haben Vornamen eine Bedeutung?

Vornamen gibt es schon viel länger als Familiennamen, vermutlich schon weit mehr als 4000 Jahre. Und viele der damaligen Namen kennen wir noch heute. Jeder germanische Vorname hatte seine Bedeutung und wurde meist aus zwei Wörtern zusammengesetzt: Gerhard zum Beispiel aus „Ger“ für „Speer“ und „hard“ für „stark“: Gerhard sollte also so stark wie ein Speer werden.

Ich habe auch mal nach meinem Namen geforscht: Fritz ist eine Kurzform von Friedrich. Dieser Name setzt sich zusammen aus „Frid“ für „Frieden“ und „rîhii“ für „mächtig“, bedeutet also mächtiger Frieden. Früher hätte man einem Jungen diesen Namen in der Hoffnung gegeben, dass er später friedlich leben möge. Mein Namensbeispiel zeigt, wie sich die Wörter und ihre Schreibweisen im Laufe der Zeit stark verändert haben. Deshalb können wir bei vielen Namen nicht mehr genau sagen, was sie einmal bedeutet haben.

Wie sind Sprachen entstanden?

Wenn du schon einmal auf einem Flughafen warst, ist dir bestimmt das Sprachgewirr dort aufgefallen. Manche Flugpassagiere unterhalten sich in Sprachen, die du noch nie gehört hast. Da ist es nur schwer vorstellbar, dass vor vielen Tausend Jahren alle Menschen einmal die gleiche Sprache gesprochen haben sollen, die sogenannte Ursprache.

Im Laufe der Zeit ließen sich die Menschen an den verschiedensten Stellen unseres Kontinents nieder. Und dort entwickelten sie ihre jeweils eigene Sprache. Und schon gab es Verständigungsprobleme, wenn sie an einen anderen Ort kamen. Heute gibt es zwischen 5000 und 8000 verschiedene Sprachen. Wer die alle können möchte, muss sein Leben lang lernen – und viel reisen und zuhören: Denn nicht zu jeder Sprache gibt es auch eine Schrift.

Woher kommen die Gartenzwerge?

Herr Paschulke hat mir stolz berichtet, er hätte jetzt einen neuen Gartenzwerg aufgestellt. Da habe ich nachgeforscht, woher Gartenzwerge eigentlich kommen. Solche Zwerge gab es schon vor vielen Hundert Jahren in Kappadokien. Das ist eine Gegend, die heute in der Türkei liegt, damals aber von Griechen bewohnt wurde. Dort arbeiteten viele Menschen in Bergwerken und da sie abergläubisch waren, stellten sie unter Tage Tonzwerge auf, die die Arbeiter vor Kobolden und Giftzwergen beschützen sollten. Vor knapp 600 Jahren kamen die Zwerge dann auch zu uns.

Warum ist 13 eine Unglückszahl?

Morgen ist der Dreizehnte. Da wird Herr Paschulke keinen Fuß vor die Tür setzen, denn seiner Meinung nach lauert an einem solchen Tag das Unglück hinter jeder Ecke. Und das liegt allein an der verflixten 13. Diese Vorstellung teilt Herr Paschulke mit den Babyloniern, die vor 4500 Jahren im Gebiet des heutigen Iraks lebten. Sie benutzten ein Rechensystem, dessen Schlusszahl die 12 war. Diese wurde daher als heilbringende und Glück verheißende Zahl verstanden. Da auf die 12 die 13 folgt und auf Glück Unglück, glaubten die Babylonier, dass die Zahl 13 Unheil bringt. Und dieser Glaube hat sich bis heute gehalten.

Paschulke meint:
Weil ich am 13. immer Pech habe.

Woher hat die Steinzeit ihren Namen?

Die Antwort ist leicht zu merken: In der Steinzeit benutzten die Menschen zumeist Stein, um Werkzeuge und Geräte zu bauen oder Schmuck herzustellen. Damals war das Leben ziemlich anstrengend und gefährlich, denn es gab noch viel mehr wilde Tiere als heute und die Menschen lebten in Höhlen, Zelten oder einfachen Hütten.

Um etwas zu essen zu haben, sammelten die Steinzeitmenschen wild wachsende Pflanzen und Früchte. Und sie jagten Büffel, Mammuts und Pferde. Bei der Jagd verwendeten sie Messer, Pfeile und Speere, die entweder ganz aus Stein bestanden oder eine Steinspitze hatten. Schließlich lernten die Menschen, Metalle zu verarbeiten. Damit war die Steinzeit zu Ende und es begann die Bronzezeit, in der Bronze der wichtigste Werkstoff für Waffen, Geräte und Schmuck wurde.

Wie wurden Mumien gemacht?

Hast du im Museum schon einmal echte Mumien aus dem alten Ägypten gesehen? Unglaublich, dass sie so viele Jahrhunderte überdauert haben, ohne kaputtzugehen. Dafür sorgten die Balsamierer, die für das Mumifizieren, also die Herstellung der Mumien, verantwortlich waren. Vor dem Wickeln bereiteten sie zunächst den Leichnam vor: Sie entfernten alle Eingeweide und entzogen ihm mit Salz jede Flüssigkeit. Dann wickelten sie den Körper in harzgetränkte Leinenbinden ein. Nach etwa zwei Wochen war die Mumie fertig und wurde in einem bunt bemalten Sarg bestattet.

Was ist eine Zeitungsente?

Neulich habe ich in der Zeitung gelesen, dass kurz hinter Bärstadt ein UFO gelandet sein soll. Diese Meldung stellte sich als falsch heraus, war also eine „Ente“. Früher, als es noch kein Telefon und kein Internet gab, konnten die Journalisten die Richtigkeit einer Meldung nicht überprüfen. Daher stand vor jeder nicht überprüften Meldung das Kürzel „nt“, das ist die Abkürzung für das lateinische „non testatum“, was so viel heißt wie „nicht bewiesen“. Und aus dem Kürzel „nt“ entwickelte sich im Laufe der Jahre die „Ente“.

Wie alt ist das Neue Testament?

Da es in der Bibel das Alte Testament und das Neue Testament gibt, habe ich mich schon oft gefragt, wie alt beziehungsweise neu die beiden Teile eigentlich sind. Das Alte Testament ist sehr, sehr alt. Einige Texte darin entstanden vermutlich schon vor 3000 Jahren.

Das Neue Testament ist deutlich jünger, denn darin wird das Leben von Jesus beschrieben, mit dessen Geburt unsere Zeitrechnung beginnt, also das Jahr Null. Die Geschichten des Neuen Testaments wurden von Augenzeugen verfasst, die Jesus vermutlich noch persönlich kannten. Daher liegt die Vermutung nahe, dass der größte Teil in den ersten 100 Jahren nach Christi Geburt geschrieben wurde. Das Neue Testament ist also mindestens 1900 Jahre alt – und damit genau genommen auch nicht gerade neu.

Warum sind Juli und August gleich lang?

Eigentlich komisch, auf einen Monat mit 31 Tagen folgt immer einer mit weniger Tagen. Nur bei Juli und August ist das anders, die haben beide 31 Tage. Laut meinen Nachforschungen verdanken sie das dem römischen Kaiser, nach dem der Monat August benannt ist: Augustus. Ihm passte es nicht, dass sein Monat weniger Tage haben sollte als der nach Julius Cäsar benannte Juli. Also verfügte er, dass beide Monate 31 Tage bekamen. Da er mit dieser Entscheidung aber das gesamte Kalendergefüge durcheinander gebracht hätte – das Jahr wäre plötzlich einen Tag länger gewesen – nahm er dem Februar einen Tag weg.

Fritz-Fuchs-Tipp

Vielleicht wollte Augustus aus seinem Monat aber auch einen glücklichen machen, denn die Römer glaubten, dass Monate mit 31 Tagen glücksverheißend seien.

Gab es Drachen wirklich?

Gestern Abend habe ich ein richtig spannendes Buch gelesen, mit einem tapferen Ritter, der eine wunderschöne Prinzessin aus den Klauen eines Drachen befreien musste. Keine Frage, er hat es natürlich geschafft wie so viele Ritter in Märchen, Sagen und Legenden vor ihm. Wirklich gegeben hat es Drachen allerdings nie, und das ist auch gut so. Denn so können wir unserer Fantasie freien Lauf lassen, wenn wir uns vorstellen, wie Drachen wohl ausgesehen haben. Auf jeden Fall hatten sie einen geschuppten Körper, konnten fliegen und Feuer spucken. Bestimmt gab es auch Exemplare mit mehreren Köpfen und messerscharfen Krallen. Vielleicht gab es aber auch winzig kleine Drachen, die man in die Hosentasche stecken konnte. Seht ihr, schon geht meine Fantasie mit mir durch ...

Paschulke meint:
Na klar, sonst hätten die Ritter ja nichts zu tun gehabt.

Warum gibt es zu Weihnachten Geschenke?

Die Weihnachtszeit war schon für mich als Kind immer eine spannende Zeit – und ist es noch heute. Schließlich bin ich neugierig darauf, was ich wohl geschenkt bekomme, und es bereitet mir viel Freude, etwas für Yasemin oder Suse zu basteln. Dass wir uns Weihnachten etwas schenken, ist eine uralte Tradition, deren Ursprung im Weihnachtsfest selbst liegt. Gott hat den Menschen an diesem Tag Jesus Christus geschenkt. Aus Freude darüber schenken sich die Menschen an diesem Tag auch etwas. Und sogar die Heiligen Drei Könige feierten Jesu Geburt mit Gaben, die sie ihm in den Stall nach Bethlehem brachten.

Seit knapp 500 Jahren werden vor allem die Kinder am Weihnachtsfest beschenkt. Wann genau sie Geschenke bekommen, hängt von den jeweiligen Sitten und Gebräuchen ab. Bei uns ist das am Heiligen Abend, dem 24. Dezember.

Wer hat die Sudokus erfunden?

Löst du sie auch so gerne, diese Rätsel, bei denen man die Zahlen von 1 bis 9 in ein Gitter eintragen muss? Der Name „Sudoku“ stammt aus Japan. Er ist die Kurzform von „Suji wa dokushin ni kagiru“, was übersetzt bedeutet: „Am besten bleibt die Zahl allein“. Denn jede Zahl darf zum Beispiel in einer Zeile oder Spalte nur einmal vorkommen.

Die Zahlenrätsel selbst allerdings kommen nicht daher, sondern aus den USA. Eines Tages stieß ein gewisser Howard Grans auf die Zahlenquadrate, die ein Schweizer Mathematiker schon im 18. Jahrhundert entwickelt hatte. Grans machte daraus seine Sudokus – und hatte in den USA keinen Erfolg damit. Nun kommen wieder die Japaner ins Spiel, denn sie fanden Spaß an diesen Rätseln, und über den Umweg Japan gelangten sie dann auch zu uns.

Woher kommen die Buchstaben?

Kannst du dir vorstellen, dass vor ein paar Tausend Jahren noch niemand schreiben konnte? Erst vor über 5000 Jahren entwickelten die Sumerer, die im heutigen Syrien, im Irak und Iran lebten, eine Bildschrift. Einzelne Wörter wurden durch einfache Bilder wiedergegeben. Die erste Buchstabenschrift entstand vor etwa 3500 Jahren bei den Phöniziern, die auf dem Gebiet des heutigen Libanon und Syrien lebten. Aus der phönizischen Schrift entwickelten sich alle späteren Buchstabenschriften des Abendlandes, auch unsere lateinische Schrift.

Warum gibt es zu Ostern bemalte Eier?

Ich habe überlegt, ob ich Herrn Paschulke zu Ostern ein paar Eier im Garten verstecken soll. Aber die Suche, ist ihm wahrscheinlich zu anstrengend.
Schon die alten Ägypter und Perser schenkten sich in der Zeit des ersten Vollmonds nach Frühlingsanfang meist rot gefärbte Eier. Damit wollten sie daran erinnern, dass die Natur wieder zum Leben erwacht, denn das Ei gilt als Sinnbild des Lebens. Im christlichen Glauben hat das Osterfest noch eine andere Bedeutung. Man gedenkt der Auferstehung Jesu, auch ein Symbol des Lebens. Und die Freude darüber drückt man durch buntbemalte Eier aus.

Fritz-Fuchs-Tipp

Vor ein paar Hundert Jahren haben die Kinder zu Ostern von ihrem Taufpaten ein Ei geschenkt bekommen, auf das ein Storch (Symbol der Fruchtbarkeit) gemalt war.

Wer entdeckte die Sternbilder?

Wenn keine Wolken am Himmel zu sehen sind, dann kann ich an manchen Abenden von meinem Bauwagen aus das Sternbild des Großen Wagens gut erkennen: Vier Sterne als Wagen und drei als Deichsel. Viele Sternbilder sind schon seit mehr als 2500 Jahren bekannt. Damals beschäftigten sich die Babylonier und die Griechen intensiv mit den Sternen und ihren Positionen am Himmel, um Kalender zu entwickeln.

Viele Sternbilder erhielten die Namen von Sagengestalten oder von Tieren. Sie dienten der Orientierung am Himmel und hatten daher große Bedeutung für die Seefahrt. Einige Sternbilder tragen die zwölf Namen der Tierkreiszeichen (zum Beispiel Löwe, Waage, Wassermann). Nach ihrem Stand richten sich Astrologen, wenn sie Horoskope aufstellen.

Welches ist die älteste deutsche Stadt?

Mal sehen, ob mir das Internet die Antwort verrät. Nein, mindestens ein Dutzend Städte behaupten, dass sie seit mindestens 2000 Jahren bestehen. Bärstadt allerdings ist nicht darunter. Und bei den anderen Städten bleiben Zweifel, ob es nicht eher kleine Siedlungen waren.

Richtige Städte gibt es erst seit dem Mittelalter, so ab etwa 800 nach Christus. Eine von ihnen war Hamburg. Ein paar Besonderheiten habe ich dennoch gefunden. Es scheint so, als hätten schon vor dem Mittelalter die Römer große Siedlungen im heutigen Deutschland gebaut. Einige ihrer Festungen waren so groß, dass dort seitdem immer Menschen lebten, bis schließlich eine Stadt daraus entstand. Eine dieser Siedlungen hieß „Colonia Agrippina“, das heutige Köln.

Woher hat der Karneval seinen Namen?

Ich verkleide mich gerne an Karneval. Und auch Keks bekommt dann eine bunte Kette umgehängt. Woher der Name „Karneval" stammt, ist bis heute nicht genau geklärt. Vermutlich leitet er sich vom lateinischen Ausdruck „carne vale" ab, was so viel bedeutet wie „Fleisch, lebe wohl!". Bevor die Fastenzeit begann, in der man kein Fleisch essen durfte, wollten die Menschen noch einmal richtig feiern – eben den Karneval oder die „Fastnacht": den Vorabend der Fastenzeit.

Keks und ich perfekt verkleidet!

Warum heißt Deutschland „Deutschland“?

Mein Bauwagen steht in Bärstadt und das liegt in Deutschland. Aber warum heißt unser Land so? Wenn wir Frankreich zu Hilfe nehmen, dessen Name von „Reich der Franken“, einem germanischen Stamm, abgeleitet ist, dann müsste bei uns einst ein Stamm der Deutschen gelebt haben. Einen solchen Stamm hat es aber nie gegeben. Zudem bedeutet das Wort „deutsch“ bereits „Stamm“. Also wäre Deutschland das „Land der Stämme“.

Damit sind wir der Wahrheit schon sehr nahe gekommen. Früher wurden sämtliche kleinen Völker, die im Osten des Frankenreichs lebten, als Deutsche bezeichnet. Und das Gebiet, in dem sie wohnten, hieß „Deutschland“. Es stimmte natürlich noch nicht mit dem Gebiet des heutigen Deutschlands überein.

Was ist eine Galionsfigur?

Wer eine echte Galionsfigur sehen möchte, der muss in einen Hafen gehen, wo große und vor allem alte Schiffe vor Anker liegen – oder ins Museum! Bei einer Galionsfigur handelt es sich um eine geschnitzte Figur vorne am Bug. Ein Kapitän hat mir erzählt, dass sie die verschiedensten Dinge darstellen kann und meist einen Bezug zum Namen des Schiffes hat. So gibt es als Galionsfiguren Löwen ebenso wie Drachen, Meeresnixen und Ritter. Die Figur dient als Schutzpatron und soll das Schiff vor Zerstörung und Unglück bewahren.

Wie kommen die Schuhgrößen zustande?

Bevor ich neulich in ein Schuhgeschäft gegangen bin, um neue Schuhe zu kaufen, habe ich meine Füße gemessen. Sie sind genau 28,38 Zentimeter lang. Also wollte ich im Schuhladen Größe 29 kaufen. Die Verkäuferin hat gelacht und gemeint, meine Füße seien doch viel größer. „Nein", habe ich geantwortet, „knapp 29 cm". Da hat sie ein wenig gerechnet und mir Schuhe gebracht, die sofort passten: Größe 43! Und dann hat sie mir erklärt, dass die Schuhgröße in der Maßeinheit „Stich" festgelegt wird. Das ist das Längenmaß, mit dem ein Schuster die Länge des Leistens angibt. Der Leisten, eine Art Holzschablone für den Schuh, ist genau 0,66 cm lang. Wenn man nun die Länge seines Fußes durch 0,66 teilt, hat man die exakte Schuhgröße.

Paschulke meint:
Die hängen ganz vom Preis ab.

Wie viele Familiennamen gibt es in China?

In China leben 1,3 Milliarden Menschen, so viel wie in keinem anderen Land der Erde. Das habe ich in der Zeitung gelesen. Und da wollte ich wissen, wie viele Familiennamen es dort wohl gibt, und bin bei meinen Nachforschungen auf ein erstaunliches Ergebnis gestoßen: Über eine Milliarde Chinesen teilen sich gerade mal 100 verschiedene Namen. Die meisten Chinesen, rund 100 Millionen Menschen, heißen Li, 60 Millionen Wang oder Zhang. Vornamen gibt es dafür umso mehr. Da sind der Fantasie keine Grenzen gesetzt, und manche Namen klingen übersetzt wirklich wunderschön. Beliebte Mädchennamen sind Bi (grüne Jade), Jiao (bezaubernd) und Lan (Orchidee). Jungen werden gerne Bao (Panther), Hu (Tiger) und Lon (Drache) genannt.

Technik

Was bringt die Eisenbahn auf Trab?

Eines kann ich schon mal verraten. Hunde sind es nicht. Doch ohne Tiere hätten sich die ersten Eisenbahnen keinen Meter weit bewegt. Ich habe mal nachgeforscht und dabei auch herausgefunden, wo die ersten Eisenbahnen eigentlich rollten.

Natürlich hält die Welt der Technik noch viele andere knifflige Rätsel bereit:

Wie fliegt ein Hubschrauber?
Wie radiert ein Radiergummi?
Wie hieß der erste Satz am Telefon?

Willst du wissen, was ich herausgefunden habe? Nichts einfacher als das. Du musst nur umblättern, und schon findest die Antworten auf diese und eine Menge weiterer Fragen.

Wo versteckt sich der Airbag im Auto?

Wenn ich im Auto sitze, ist kein Airbag zu sehen. Kein Wunder, denn diese „Lufttasche“ wartet in einem kleinen Hohlraum im Inneren des Autos auf ihren Einsatz. Ein Airbag schlummert im Lenkrad, ein anderer in der Nähe des Handschuhfachs. Seitenairbags sind in den Türverkleidungen untergebracht. Wenn man mit dem Auto einen Unfall baut, ist das der Startschuss für die Airbags. Durch die Erschütterung schießen sie aus ihren Verstecken hervor und füllen sich in Sekundenbruchteilen mit Luft. Dann sind sie weich wie ein Luftkissen: So sorgen sie dafür, dass sich beim Aufprall niemand im Auto schwer verletzt. Ziemlich clever, diese Erfindung!

Paschulke meint:
Ich brauche keinen Airbag. Der nimmt doch nur Platz weg, und wo sollte mein Bauch dann hin?

Was ist ein UFO?

Heute morgen kam Herr Paschulke ganz aufgeregt angelaufen und verkündete, er habe kurz vor Sonnenaufgang ein scheibenförmiges Ding am Himmel gesehen: ein UFO mit Außerirdischen! UFO ist die Abkürzung für „unbekanntes fliegendes Objekt". Dass es sich dabei um ein Raumschiff mit Außerirdischen an Bord handelt, konnte bislang allerdings noch keiner beweisen. Vermutlich hat Herr Paschulke eine Sternschnuppe oder ein Flugzeug gesehen oder aber er ist auf eine optische Täuschung hereingefallen.

Hat Herr Paschulke ein UFO gesehen?

Warum tragen Astronauten besondere Anzüge?

Im All herrschen völlig andere Bedingungen als hier auf der Erde. Deshalb stecken die Astronauten in besonderen Anzügen, die aus mehreren Schichten bestehen. Gegen die Hitze im All können sie in ihre innerste Anzugschicht kaltes Wasser pumpen. In Acht nehmen müssen sie sich allerdings vor den herumfliegenden Staub- und Steinteilchen. Doch ihr Anzug ist aus widerstandsfähigem Material gebaut. Mein alter Taucherhelm allerdings mag auf den ersten Blick astronautentauglich aussehen, wäre aber für einen Weltraumspaziergang völlig ungeeignet!

Was ist ein Aquädukt?

Im Internet bin ich zufällig auf ein tolles Bauwerk gestoßen. Es heißt Pont du Gard und steht im Süden Frankreichs. Bei dieser Brücke über den „Gard“ – so heißt der Fluss, der darunter durchfließt – handelt es sich um ein Aquädukt: Das ist eine alte römische Wasserleitung. Solche steinernen Leitungen überquerten Flusstäler und transportierten das Wasser über viele, viele Kilometer von den Gebirgsquellen bis in die Städte. Dabei mussten die Baumeister nicht nur für Standfestigkeit sorgen, sondern auch das Gefälle genauestens berechnen, denn das Wasser sollte ja ununterbrochen fließen.

Übrigens wurden die Aquädukte ohne Mörtel und Zement gebaut, die Steine passten genau auf- und ineinander. Ein echtes Puzzle-Meisterwerk also!

Was ist ein Atom?

Alle Dinge und Lebewesen auf dieser Welt bestehen aus Atomen: auch mein Tisch, mein Bauwagen und sogar Keks, du und ich! Atome sind sozusagen die kleinsten Bausteine, aus denen sich alles aufbaut. Und sie sind so klein, dass man sie mit bloßem Auge nicht sehen kann. Dazu braucht man ein besonders stark vergrößerndes Mikroskop, ein sogenanntes Elektronenmikroskop. Mit ihm wurden vor rund 40 Jahren die ersten Bilder einzelner Atome aufgenommen.

Das Wort „Atom“ stammt übrigens aus dem Griechischen und bedeutet „der letzte, unteilbare Urstoff“. Da haben sich die alten Griechen allerdings geirrt, denn inzwischen haben Wissenschaftler festgestellt, dass sich ein Atom aus noch viel kleineren Einheiten zusammensetzt.

Wie fliegt ein Hubschrauber?

Bei einem Preisausschreiben habe ich einen Hubschrauberflug gewonnen. Also, los geht's! Unglaublich, so ein Hubschrauber kann senkrecht nach oben steigen, in der Luft stehen bleiben oder auf der Stelle seine Flugrichtung ändern. Diese speziellen Eigenschaften verdankt er den propellerähnlichen Rotoren auf dem Dach und am Heck. Sie geben den nötigen Auftrieb. Der hintere Rotor sorgt zudem dafür, dass sich der Hubschrauber nicht um sich selbst dreht. Man lenkt übrigens, indem man die Rotorblätter in eine bestimmte Richtung neigt.

Warum quietschen beim Bremsen oft die Reifen?

Als ich mit dem Fahrrad auf dem Weg zu Yasemin war und plötzlich bremsen musste, weil eine Katze vor mir über die Straße lief, haben meine Bremsen gehörig gequietscht. Zu Hause habe ich erst einmal meine Bremsbeläge unter die Lupe genommen. Wenn sie nämlich abgefahren sind, wird Metall auf Metall gepresst und reibt dabei aufeinander. Der unangenehme Ton entsteht dann aus Schwingungen im Metall, die sich überlagern. Zum Glück waren die Bremsbeläge aber noch gut in Schuss.

Vermutlich ist das Quietschen also durch das ruckartige Bremsen entstanden: Das Rad steht schlagartig still, sodass Gummi und Boden mit Wucht aufeinandertreffen. Das verursacht Schwingungen, die man dann als quietschendes Geräusch hört.

Wozu braucht man einen Windsack?

Neulich an einer Autobahnbrücke, ist mir ein rot-weißer Sack aufgefallen, der schlaff von einer langen Stange baumelte. Ich habe herausgefunden, dass es sich dabei um einen Windsack handelt. Das ist ein Schlauch aus wetterbeständigem Stoff, der sich mit dem Wind dreht. Er zeigt nicht nur an, aus welcher Richtung der Wind kommt, sondern auch wie stark er ist. Ein schlaffer Sack signalisiert „kein Wind", ein prall gefüllter hingegen „Achtung! Starker Wind" zum Beispiel von rechts. So wissen insbesondere die Lkw-Fahrer, ob sie auf der Brücke Seitenwind erwartet, und können sich darauf einstellen.

Fritz-Fuchs-Tipp

Hänge an einem Stab im Garten eine kleine Plastiktüte so auf, dass ihre Öffnung zur Seite zeigt. Kommt der Wind dann aus dieser Richtung, wird sie sich aufblähen.

Wie radiert ein Radiergummi?

Wenn ich mal schnell einen Termin aus meinem Kalender löschen muss, ist ein Radiergummi schon klasse. Einfach über die Bleistiftschrift radieren, und schon ist das Papier wieder weiß. Anscheinend ist das Ding ein echtes Zaubergummi.

Magie ist aber gar nicht im Spiel: Beim Schreiben mit dem Bleistift splittern kleine Minenstücke ab, die durch Anziehungskraft am Papier hängen bleiben. Wenn ich nun radiere, dann schabt das Gummi Minenstückchen vom Papier. Da ein Radiergummi überwiegend aus Kautschuk besteht und eine höhere Anziehungskraft als Papier hat, bleiben die Bleistiftsplitter am Gummi hängen und werden in kleinen Bröseln vom Papier abgerieben.

Woraus besteht Leim?

Schon lange wollte ich ein Bild von Keks aufhängen. Was fehlte, war ein Rahmen. Den hab ich nun selbst gebaut: Ich habe vier Leisten zugeschnitten und sie dann gut verleimt. Leim kommt quasi direkt aus der Natur: Man kann aus Knochen und Häuten Leim machen, aber auch aus Kartoffelmehl, Baumharz oder Kautschuk. Und mein selbst gebauter Rahmen hält. Es sei denn, ich werfe ihn ins Wasser: Leim ist nämlich wasserlöslich!

Perfekt geleimt, mein Bilderrahmen!

Wer flog zuerst in einem Ballon?

Vor ein paar Tagen segelte direkt über meinem Bauwagen hoch am Himmel ein großer, roter Ballon mit einem Korb dran. Schnell habe ich mein Fernglas geholt und entdeckt, dass da zwei Menschen an Bord waren.

Als die französischen Brüder Montgolfier vor mehr als 200 Jahren den ersten bemannten Heißluftballon starteten, wählten sie eine tierische Besatzung. Das Risiko, selbst an Bord zu gehen, erschien ihnen zu groß. Also setzten sie ein Schaf, eine Ente und einen Hahn in den Korb. Der Flug verlief bestens, die drei Besatzungsmitglieder kehrten wohlbehalten zur Erde zurück. Kurz darauf wagten sich zwei Menschen, ein französischer Physiker und ein Offizier, mit dem Ballon in die Lüfte. Nach 25 Minuten landeten sie sicher wieder auf der Erde. Ganz schön mutig!

Warum klebt Alleskleber nicht in der Tube fest?

Neulich habe ich von meiner Bäckerin was zu Naschen bekommen, weil ich ihre Lieblingskaffeekanne repariert habe. Der Henkel war abgebrochen. Der Schaden war mit Alleskleber aber schnell behoben. Der funktioniert allerdings nur dann, wenn Luft dran kommt. Kleber enthält sogenannte Lösungsmittel, die er an die Luft abgibt. Sind sie weg, wird er hart. In der Fabrik pressen Maschinen den Klebstoff luftdicht in die Tube. So bleibt er flüssig und klebt nicht in der Tube fest.

Als Belohnung für meine Bastelarbeit gibts eine Nascherei.

Wie groß war der erste Computer?

Ein Computer ist doch sehr praktisch. Mit ihm kann ich im Internet forschen, wenn ich zum Beispiel wissen möchte, wer ein gewisser Konrad Zuse war. Der hat 1941 nämlich den ersten Computer erfunden, der vom Prinzip schon ungefähr so funktionierte wie die heutigen Geräte. Der Zuse-Computer allerdings war noch so groß wie ein Tisch und wog 500 Kilogramm. Den hätte ich auch mit Herrn Paschulkes Hilfe nicht hochbekommen. Ein paar Jahre später entwickelten Techniker in den USA einen riesigen Computer, der in Sekundenschnelle Tausende Rechenaufgaben lösen konnte. Der war allerdings größer als mein Bauwagen, denn damals gab es noch nicht diese winzig kleinen Chips, die heute in meinem handlichen Rechner sitzen.

Warum leuchtet ein Feuerwerk?

In der Silvesternacht brauche ich selbst keine Raketen abzuschießen, das besorgen Herr Paschulke und die anderen Nachbarn. Keks verzieht sich dann immer in den hintersten Winkel des Bauwagens, weil ihm die Knallerei Angst macht. Ich allerdings finde es schön, wenn der Himmel in buntes Licht getaucht ist.

In Feuerwerksraketen befinden sich allerlei chemische Stoffe, die dafür sorgen, dass es funkt und knallt. Für die Farben sorgen bestimmte Metallsalze, die dem Treibstoff der Rakete, dem Schwarzpulver, beigemischt werden. Ein leuchtendes Rot zum Beispiel erhält man mit Strontiumsalzen, ein Blau mit Kupfersulfat. Das alles verrate ich Herrn Paschulke natürlich nicht, sonst kommt er noch auf die Idee, selbst Feuerwerkskörper zu basteln – und das geht garantiert schief!

Wer stellt eine Funkuhr?

Seit Neuestem besitzt Herr Paschulke eine Funkuhr. Stolz hat er mir erklärt, dass er die nie stellen muss, weil das automatisch geht. Erst konnte ich das kaum glauben, aber er hat recht. Die Funkuhr erhält ihr Signal von einer Atomuhr. Das ist die genaueste Uhr, die es derzeit gibt.

In Deutschland stehen davon gleich mehrere Exemplare, und zwar in Braunschweig. Von dort wird ihr Signal in die Mitte von Deutschland, nach Frankfurt, übertragen – und von dort mit einem einzigen Sender an alle Funkuhren im Umkreis von 1500 Kilometern. Andere Länder verfügen über ähnliche Systeme: Wenn Herr Paschulke also mal ins Ausland fährt, hat er auch dort stets die genaue Zeit, wenn er seine Funkuhr mitnimmt.

Wo kommt die Kreide her?

Neulich haben gleich neben Yasemins Kiosk ein paar Kinder den Bürgersteig mit farbiger Kreide bemalt. Vielleicht kam die einmal aus Frankreich nach Bärstadt. Zum Beispiel von den Kreidefelsen dort an der Nordküste. Sie bestehen aus sehr feinem Kalksand, der vor langer, langer Zeit aus den Schalen winziger Meerestiere entstanden ist. Aus Kreidegestein lässt sich ein Pulver machen, aus dem man auch Malkreide herstellen kann. Allerdings wird die erst bunt, wenn Farbe hineingemischt wird. Bunte Kreidefelsen gibt es nämlich nicht.

Warum ist der Schiefe Turm von Pisa schief?

Immer wenn ich ein Bild vom Schiefen Turm von Pisa sehe, frage ich mich, wie die Baumeister das eigentlich hinbekommen haben. Natürlich wollten sie ursprünglich einen geraden Turm errichten. Doch als sie 1173 mit dem Bauen begannen, hatten sie übersehen, dass der Boden dafür nicht besonders geeignet war, denn er bestand aus Sand und Morast. Unter dem Gewicht der schweren Steine senkte er sich schon während der Bauarbeiten leicht. Mit der Zeit neigte sich der Turm dann immer weiter zu Seite, sodass er gestützt werden musste. Inzwischen steht der Turm wieder sicher – zwar ist er immer noch schief, kann aber nicht mehr schiefer werden. Na, immerhin!

Paschulke meint:
Weil die Baumeister nicht richtig gemessen haben. Mir wäre das nicht passiert.

Warum knistert und knackt ein Lagerfeuer?

Diesen Sommer habe ich abends mal im Garten ein Lagerfeuer für Suse und Yasemin gemacht. Herr Paschulke kam auch gleich rüber. Er dachte es brennt. Rund ums Feuer war es wunderbar warm. Und dazu hat es schön geknistert und geknackt.

Wusstest du eigentlich, dass sogar in anscheinend völlig trockenem Holz immer noch ein paar Wassertröpfchen sitzen? Genaugenommen in den vielen Zellen, aus denen Holz besteht. Wenn sich die Wassertröpfchen dann erwärmen, verwandeln sie sich in Gasblasen. In diesem Zustand aber haben sie nicht mehr genügend Platz. Sie suchen einen Weg ins Freie, und die Zellen im Holz platzen auf. Diese Mini-Explosionen nehmen wir dann als Knistern wahr.

Was ist Morsen?

Neulich nachts blinkte mir aus Herrn Paschulkes Garten ein Taschenlampenlicht entgegen. Ich habe mir nichts weiter dabei gedacht und bin ins Bett gegangen. Am nächsten Morgen fragte er ganz empört, warum ich ihm nicht geantwortet hätte. Er hätte mir doch Morsezeichen gegeben. Aha! Eigentlich braucht man zum Morsen einen Morseapparat, mit dem man Nachrichten übermittelt, aber es funktioniert auch mit einer Taschenlampe. Dazu benutzt man ein Morsealphabet, das jeden Buchstaben in lange und kurze Signale übersetzt. Für jeden Buchstaben braucht man mindestens zwei Signale. Der Empfänger der Nachricht muss also genau auf die Lichtzeichen achten: Langes Leuchten steht für ein langes, kurzes Leuchten für ein kurzes Signal. Alles aufschreiben und anschließend im Morsealphabet nachschlagen.

Was ist ein „Meter“?

Früher haben die Menschen meist in Einheiten gemessen, die sie von Körperteilen abgeleitet haben. Beispielsweise beschrieb die Elle die Länge von der Hand bis zum Ellenbogen. Je nach Körpergröße konnte eine Elle also mal länger und mal kürzer ausfallen. Vor 200 Jahren dann wurde der Meter als einheitliches Längenmaß festgelegt. Diese Regelung hat den Vorteil, dass ein ein Meter langes Brett auch immer einen Meter lang ist, egal, wer misst – es sei denn, er hält den Zollstock schief.

Wie fliegt eine Rakete?

Als Kind habe ich immer davon geträumt, einmal mit einer Rakete zum Mond zu fliegen. Also habe ich nachgeforscht, was eine Rakete zum Fliegen bringt. In einer Rakete finden nacheinander mehrere Explosionen statt. In der sogenannten Brennkammer werden Treibstoff und Sauerstoff miteinander verbrannt. Dabei entstehen sehr heiße Gase, die sich entzünden und durch die Düsen, die sich unten an der Rakete befinden, ausgestoßen werden. Dadurch erhält die Rakete einen sehr starken Schub nach oben und hebt ab. Hat sie eine bestimmte Geschwindigkeit erreicht, zündet die nächste Raketenstufe.

Fritz-Fuchs-Tipp

Kannst du dir vorstellen, dass die Rakete, mit der die Amerikaner 1969 zum Mond geflogen sind, eine Geschwindigkeit von 54 000 Kilometer in der Stunde erreichte?

Wie bekommt das Auto seine Farbe?

Wenn ich am Parkplatz vor dem Supermarkt vorbeikomme, stehen dort Autos in den verschiedensten Farben. Ich habe mal nachgeforscht, ob es so etwas wie Automaler gibt, die den Fahrzeugen einen Anstrich verpassen. Gibt es nicht, denn Menschen könnten nie so genau arbeiten wie Maschinen. Die Fahrzeuge werden in der Fabrik lackiert, wenn sie noch keine Einbauten wie Armaturenbrett, Sitze und Scheiben haben.

Bei einigen Automodellen sprüht ein Roboter den Lack auf die Karosserie. Er kommt in jeden Winkel und jede Ecke und trägt die Farbe immer ganz gleichmäßig auf. Andere Automodelle werden in Farbe getaucht. Sie rollen mehrmals durch eine überdimensionale Badewanne, damit die Farbe möglichst gleichmäßig verteilt wird.

Schweben Schwebebahnen wirklich?

Warst du schon einmal in Wuppertal und bist mit der längsten Schwebebahn Deutschlands gefahren? Ich schon! Ich hab mich gefragt, ob diese Bahn tatsächlich in der Luft schwebt. Dieser Eindruck kann schon entstehen, wenn man so hoch über der Wupper dahingleitet – das ist der Fluss, der durch die Stadt fließt. Doch eine Schwebebahn schwebt gar nicht richtig, sondern fährt auf Rädern. Allerdings befinden sich die auf dem Dach der Wagen und sind in die darüber liegenden Eisenbahnschienen eingehängt. Die Schienen wiederum liegen auf Stelzen und haben keinerlei Bodenkontakt. Kein Wunder also, dass man da oben zu schweben glaubt.

Was bringt die Eisenbahn auf Trab?

Da habe ich mal bei echten Bahnexperten nachgefragt – zwei Schaffnern, die es ja wissen müssen! Früher, als die Eisenbahn noch in den „Kinderschuhen" steckte, zogen Pferde die Waggons über die Schienen. Meist wurde darin Kohle aus den Bergwerken befördert. Die ersten Lokomotiven, die Personenzüge zogen, wurden mit Dampf angetrieben. Vor ungefähr 40 Jahren machten sie dann den Elektroloks Platz. Die werden von Stromleitungen über der Strecke mit Energie versorgt. Für meine Spielzeugeisenbahn reicht allerdings der Strom aus der Steckdose.

Fährt prima, meine Eisenbahn!

Wer baute das erste Straßennetz?

Da hatten die Römer schon vor über 2000 Jahren die Nase vorn. Allerdings waren ihre ersten Straßen noch echte Holperstrecken, denn sie bestanden nur aus festgestampfter Erde und Kies. Später dann pflasterten sie sie mit großen Steinen. Die erste Fernstraße führte übrigens von Rom in den Süden Italiens. Sie war 560 Kilometer lang. Damals brauchte man mit dem Pferdewagen etwa zwölf Tage für die Strecke. Ich würde sie heute mit dem Auto in gut sechs Stunden schaffen.

Fritz-Fuchs-Tipp

Ein römisches Gesetz schrieb fest, wie breit die Straßen zu sein hatten: 2,48 Meter auf geraden Strecken und 4,96 Meter in Kurven, damit die Wagen herumkamen!

Wie heißt das längste Bauwerk der Erde?

Kein anderes Bauwerk auf der Erde ist länger als die Chinesische Mauer, die über Gebirge, durch Täler und Wüstenlandschaften führt. Sie ist etwa 6350 Kilometer lang und ungefähr sechs Meter breit. Die Chinesen selbst nehmen es mit der Länge übrigens nicht ganz so genau. Sie nennen die Mauer „Wan Li Chang Cheng“. Das bedeutet übersetzt „10 000 Li lange Mauer“. Li ist eine Längeneinheit, wobei 1 Li etwa 500 Metern entspricht. Somit wäre die Mauer also nur 5000 Kilometer lang, was aber nicht stimmt.

So ein langes Bauwerk ist natürlich nicht über Nacht entstanden. Mehr als 2000 Jahre lang wurde an der Großen Mauer, wie sie auch heißt, gebaut.

Ist jede Meile gleich lang?

Ich habe mich mal im Internet schlau gemacht: Die Meile ist ein Längenmaß. Das Besondere ist: Je nachdem, wann und wofür sie verwendet wird, ist sie unterschiedlich lang. Bei den alten Römern zum Beispiel war eine Meile genau 1479 Meter lang. Wenn du heute in England unterwegs bist, kannst du auf den Verkehrsschildern die Entfernungen zwischen zwei Städten ebenfalls in Meilen ablesen. Eine britische Meile hat allerdings eine Länge von 1609,34 Metern. Diese Meilenlänge gilt auch in den USA, in Kanada und Australien.

Und dann erinnere ich mich noch an meine letzte Bootsfahrt. Da sprach der Kapitän von Seemeilen. Und eine solche Seemeile ist noch länger als eine römische oder eine englische Meile, nämlich 1852 Meter. Gut, dass bei uns ein Kilometer immer ein Kilometer ist und stets 1000 Metern entspricht!

Wie sahen die ersten Bücher aus?

Ich blättere gerne in Büchern. Dabei bin ich schon oft auf spannende Dinge gestoßen. In den ersten Büchern, die es vor über 5000 Jahren in Ägypten gab, hätte ich allerdings noch nicht blättern können. Die musste man entrollen, denn diese Bücher bestanden aus Papyrusrollen. Papyrus ist eine Pflanze, die am Ufer des Nils wächst. Aus ihrem Mark stellten die Menschen ein Material her, das beschrieben werden konnte. Und zwar mit schwarzer Farbe aus Ruß und einer Gummilösung und mit der roten Erdfarbe „Ocker".

Wie finden sich Schiffe auf dem Meer zurecht?

Neulich habe ich im Hafen einen Kapitän gefragt, wie er eigentlich auf offener See seinen Weg findet. Er hat mir als erstes einen Kompass gezeigt, mit dem er bestimmen kann, wo die einzelnen Himmelsrichtungen liegen. Allerdings hilft ihm ein Kompass bei Nebel und schlechter Sicht nicht allzu viel. Deshalb haben die meisten Schiffe Radargeräte, mit denen sie ihre Position bestimmen können. Manche Schiffe verfügen auch über ein Navigationssystem, das dem in Autos ähnelt. Es empfängt die Daten, die von Satelliten im Weltall ausgesendet werden und zeigt dem Kapitän den besten Weg an.

Wie hieß der erste Satz am Telefon?

Was klingelt denn da? Ach ja, mein Handy. Dass es einmal so kleine, tragbare Telefone geben würde, hätte sich der Lehrer Philipp Reis nicht vorstellen können. Er ist der Erfinder des Telefons, auch wenn sein holzgeschnitztes Modell von 1861 noch einige Macken hatte. Aber es funktionierte, und Reis sprach den ersten Satz, der je per Telefon übermittelt wurde: „Das Pferd frisst keinen Gurkensalat." Ein allzu großes Geschäft mit dem Telefon machte Reis jedoch nicht, denn sein Modell ließ sich nicht verkaufen. Erst 15 Jahre später baute der Amerikaner Alexander Graham Bell ein Telefon, das breiten Anklang fand.

Fritz-Fuchs-Tipp

Philipp Reis erfand nicht nur das Telefon, sondern auch Rollschlittschuhe, die Vorläufer der heutigen Inlineskates

Warum sind Kanaldeckel rund?

Als neulich die Kanäle in unserer Straße gereinigt wurden, war ich gleich vor Ort. Dabei habe ich erfahren, dass die Kanaldeckel Wartungsschächte von unterirdischen Versorgungsleitungen verschließen. Diese Schächte sind rund, also kommt natürlich auch ein runder Deckel darauf. Zudem hat die runde Form einige Vorteile: Sie ist sehr stabil und geht auch nicht kaputt, wenn ein schwerer Lkw darüberrollt. Und wenn man den Deckel öffnen muss, kann er nicht in den Schacht fallen, denn sein Durchmesser ist immer größer als die Öffnung. Bei eckigen Kanaldeckel wäre das nicht so.

Warum drehen sich alle Windräder rechts herum?

Auf einer meiner Fahrradtouren bin ich an mehreren Windrädern vorbeigekommen. Jedesmal habe ich angehalten und sie beobachtet. Immer haben sie sich in die gleiche Richtung gedreht, nämlich rechts herum. Zu Hause musste ich erst einmal ein wenig nachforschen, denn ich wollte wissen, ob die Drehrichtung vielleicht etwas mit der Windrichtung oder mit der Drehung der Erde zu tun hat. Die Antwort war eindeutig: Hat sie nicht. Die Windräder könnten sich genauso gut auch links herum drehen. Das tun sie jedoch nicht, weil sich die Firmen irgendwann einmal auf rechtsdrehende Windräder geeinigt haben. Wenn sie nun linksdrehende Windräder bauen wollten, müssten sie alle Maschinen neu einstellen. Und das wäre erstens kompliziert und würde außerdem zu viel kosten.

Register